MYTHES, FÉES, VIERGES NOIRES ET LES MYSTÈRES DE LA FORÊT

© FRANCIS ANDRÉ-CARTIGNY, 2024
ÉDITION : BOD · BOOKS ON DEMAND GMBH, IN DE TARPEN 42, 22848 NORDERSTEDT (ALLEMAGNE)
IMPRESSION : LIBRI PLUREOS GMBH, FRIEDENSALLEE 273, 22763 HAMBURG (ALLEMAGNE)
ISBN : 978-2-3225-5132-3
DÉPÔT LÉGAL : Octobre 2024

MYTHES, FÉES, VIERGES NOIRES ET LES MYSTÈRES DE LA FORÊT

L'HÉRITAGE CELTIQUE

Francis André-Cartigny

Résumé

S'il existe une mythologie française comparée à celle germanique ou nordique, elle représente l'archéologie de notre passé gallo-romain dépassant largement nos frontières nationales, notamment sur les terres rhénanes, ce que soulignait Monsieur Henri Dontenville. Évoquer un héritage celtique nous renvoie en partie en Bretagne mais surtout à l'Irlande restée à l'abri de la conquête romaine et qui sut acculturer le Christianisme exporté sur le continent Ouest Européen.

Toute société mérite l'héritage culturel qu'elle se donne comme le figuraient un temps nos héroïnes nationales Mélusine et Jeanne d'Arc. Depuis le fossé entre le mythe et le merveilleux n'a cessé de s'accroître, d'abord par le conte de fée relégué au rang de récit pour enfants, puis par un fantastique effréné. L'auteur revient sur la définition des fées et du mythe, thèmes galvaudés à une époque où le merveilleux s'affadit, signe d'une perte de spiritualité. Enfin, il propose au lecteur un aperçu de la société celtique et de son héritage, entre autre celui de la forêt, qui fut le lieu d'inspiration et de rencontre avec le merveilleux.

Le présent livre constitue la suite naturelle d'un ouvrage précédent : « *L'ouverture du Ciel aux quatre saisons* ».

Francis André-Cartigny, auteur de divers ouvrages à teneur philosophique, se réfère parfois à la linguistique française et germanique pour une meilleure démonstration de l'universalité du mythe.

Remerciements à Marie Puech pour son assistance.

Note à propos du présent ouvrage

- Tous les mots étrangers apparaissent en écriture *italique*.
- Le terme « germanique » désigne une expression allemande dialectale codifiée en ***italique gras***.

Que contient ce livre ?

Les Dames Blanches, les Banshee	6
Introduction	8
1. La mythologie	14
Le mythe	15
La vision actuelle du mythe et le conte de fée	20
2. Fées et sorcières	26
Qu'est-ce qu'une fée ? (Avec la définition de l'exotérique et de l'ésotérisme)	27
Bonnes et mauvaises fées	36
Le repas des fées et les fêtes saisonnières des sorcières	42
La cheminée passage des fées.	46
Le gué sous la protection des fées	49
La femme, le fée et l'eau	52
La déesse mère et la fée Morgane	57
Les vierges noires	60
La Dame du Verger, Brunissen	67
Mélusine	69
Le Dragon et le serpent	75
Pour conclure ce chapitre	77
Entre deux chapitres	82
3. L'héritage celtique	84
Brève présentation de la société celtique	85
Le monde de la forêt	92
Le chêne et sa relation avec le porc	98
Quelques arbres	101
Excursus. Une contine bien connue	105
Qui a encore peur de la forêt ?	107
La Rhénanie et l'héritage druidique	111
Le fer et les métaux et le dieu Lug	117
Conclusion de l'héritage celtique	122
Postface	126
Ouvrages consultés et bibliographie	129
Ouvrage du même auteur	130

Les Dames Blanches
Les Banshee à l'aube du Premier Mai

Brunisssen, la Dame du Verger

Gouache de Samuel Palmer, « Dans un jardin de Shoreham »

L'eau de la fontaine reflète la Lune frissonnante,
L'écrevisse rêve alors épouser l'Astre d'argent.
Mais voici la grande nuit confuse et inquiétante.
Les Dames Blanches abandonnent les aubépines blanches.
Elles envahissent les vergers blancs les vallées et la lande.
La chouette effrayée quitte les buissons ardents.
Plus aucun souffle n'anime la nature flamboyante.
Les Dames Blanches s'avancent.

*L*es moineaux que cette ronde épouvante, se blottissent en silence.
Elles dansent, dansent et dansent.
Elles emportent qui s'aventure ou s'avance.
Elles dansent et chantent la romance.
Dans cette folle nuit des anges, les Dames Blanches « farandolent » en transe.

*L*e coq sommeille encore.
Mais qu'il chante et annonce la délivrance !
Réveillé par la divine rosée, enfin il annonce
Le retour du Soleil dans sa magnificence et dans sa glorieuse renaissance.

*C*hantez merles ! Sifflez moinillons et en chœur reprenez !
Sonnez matines, angélus et clochers ! Éclatez églantiers !
Ouvrez-vous muguets, aubépines, fleurs des champs et prunelliers !
Butinez abeilles ! Trottinez chevreuils et sangliers ! Sautez lapins !
Chantez cascades, sources et ruisseaux !
Émerveillez-vous écrevisses !
Gazouillez jets d'eau et chantez l'éternel retour triomphant !
Emplissez vos cœurs de ses rayons d'or !
Reviendront les souffrances et la mort !

*L*a Rose de Noël promet le retour des Dames Blanches
Pour une nouvelle nuit effrayante.
Baies rouges et feuilles sanglantes tomberont
Pour un voyage étrange,
Si les oiseaux ne les mangent.
Les Banshee préparent en secret la prochaine nuit terrifiante
Rêve l'écrevisse sous la Lune d'Argent !

Introduction

Depuis l'origine du monde les êtres humains tentent d'établir un dialogue avec l'univers ou plus communément avec le Ciel, c'est à dire l'autre monde. Certes notre époque s'éloigne de la spiritualité pour se rapprocher de la matière dans laquelle le genre humain fut créé ou encore vers une hypothétique existence d'extra-terrestres.

En observant la nature on constate aisément l'influence du Ciel, du Soleil et de la Lune sur la vie sur la Terre. Un rapide examen d'une simple fleur nous confirme l'influence céleste sur la vie prenant racine dans la terre. L'arbre étant l'exemple le plus manifeste de ce phénomène représenté par « l'Arbre du Monde », symbole axial ou encore « l'Arbre Renversé » représenté symboliquement par la figure du Vajra propre à la tradition extrême orientale pour sa frappante similitude de son schéma avec celui de la rencontre deux lettres grecques « *psi* », symbole du dialogue entre le Ciel et la Terre.(1 page suivante) Nous reviendrons plus en détail à propos de ces deux figures. Or ce phénomène cosmique se réalise qu'à certaines périodes de l'année.

Si la saison du Printemps est remarquable par l'apparition des jeunes pousses, cet évènement n'est pas spontané ni miraculeux. En effet les saisons régulent la naissance, la vie et la mort de la végétation d'un cycle totalement différent de ceux des espèces animales et humaines. Si la période de reproduction végétale est soumise au rythme saisonnier, l'espèce animal se reproduit selon un rythme différent et à des périodes variées selon les espèces, seule l'espèce humaine étant en mesure de se reproduire à tout moment de l'année. Les traditions anciennes ont en effet attribué une condition vitale particulière à l'animal qu'elles ont traduite par un symbolisme propre. Quant à l'être humain il apparait qu'il bénéficiait de dons et de capacités supérieures à toute la « création (2) ». Cependant ces vieilles traditions n'ont pas négligé pour autant le rythme saisonnier de leur quête avec le Ciel.

D'une part, elles en déduisaient que ce rythme saisonnier, terrestre en apparence, représentait un rythme universel de quatre périodes qui régit toutes choses dans la nature et dans le cosmos : le temps visible de notre système solaire mais aussi de tout ce qui en dépend: les quatre saisons, les quatre stades de la journée, de la vie et des cycles cosmiques, sachant que toute période cyclique se renouvelle à terme.(3) L'idée d'un renouvellement de la vie humaine après la mort, le dernier cycle humain, pouvait se réaliser soit par la réincarnation humaine ou animale soit encore par métempsycose. Hormis ce dernier cas cela se produisait dans un autre monde plus

---

(1) C'est le cas du symbole de l'Étoile de David représentée schématiquement par la rencontre de deux triangles venant à leur rencontre, l'un venant du Ciel et l'autre de la Terre.
(2) Nous utilisons par commodité cette définition impropre aux traditions anciennes, liées à la création terrestre de la Genèse.
(3) La démonstration extrême orientale, hindouiste notamment dans la théorie des Védâs des quatre yugas.

généralement le Ciel. Fallait-il encore le mériter, ce qui était le cas dans le druidisme.

Ainsi dans toutes les religions du monde le terme religion signifie relier l'homme au Ciel. Elles ont construit leur théologie sur cette base en attribuant à un être suprême « l'organisation » de l'Univers. Si les religions anciennes, contrairement aux religions modernes monothéistes chrétiennes et musulmanes, se réclament polythéistes ce n'est qu'une apparence, les différentes divinités propres au celtisme, plus proches de nous, représentent des personnages divins féminins et masculins à l'image de l'homme. Or ce panthéon ne représente que la multiplicité d'une même et seule puissance divine unique. Le Christianisme ayant écrasé le celtisme, cependant devant l'attachement extrêmement solide des populations considérées païennes, dut faire d'énormes concessions en conservant ou en intégrant une grande part de la philosophie religieuse païenne, ce que révèle le sanctoral chrétien. Cet épais ouvrage canonique reprend à la manière d'un catalogue une partie importante de personnages divins celtiques. Et chose révélatrice, le canevas octogonale (4) de notre calendrier civil qui se confond toujours avec le calendrier liturgique chrétien, replace et fête ses saints aux mêmes dates saisonnières celtiques. Il était utile de préciser la coïncidence des différentes manifestations liturgiques saisonnières avec celles des « saints » personnages celtiques. Bien entendu le christianisme actuel est de moins en moins comparable avec ce qu'il fut avant la réforme en profondeur du Concile Vatican II, l'église devenue humaniste, puisque tous les baptisés méritent d'être cités un jour dans « l'annuaire » du sanctoral !

Pour résumer. Les pratiques religieuses anciennes, intiment associées au pouvoir politique, vénéraient aux travers du temps et de l'espace leurs divinités. Pour l'espace, la nature

---

(4) Octogonal soit 8 demi saisons.

principalement les arbres, mais aussi les minéraux sous la forme de pierres, réputées contenir la puissance des énergies et encore l'eau pour son pouvoir de résorber tous les magnétismes et d'apporter les bienfaits à l'homme.

Pour le temps, il s'agit particulièrement des principales dates d'ouverture des saisons, celles qui favorisent l'ouverture du Ciel telle que l'entrée dans l'Hiver celtique au Nouvel-An nommé Samain le 1er Novembre et encore au Milieu de Ciel annuel à la fête du Druide Beltaine le 1er Mai, début de l'Été celtique, la plus belle saison, évènements auxquels il faut ajouter les étapes secondaires des équinoxes qui, à chaque fois, permettent une rencontre entre le Ciel et la Terre.

Ces ouvertures auraient permis notamment le contact avec des êtres surnaturels comme les fées, bonnes ou mauvaises, pouvant cependant toujours se manifester encore en dehors de ces dates sous l'apparition de Dames Blanches, à la tombée de la nuit dans la forêt ou près d'une source.

*

Nos contemporains cartésiens s'interrogent à propos de ces phénomènes dits supra-sensibles et les mettent sur le compte de croyances archaïques venues stimuler le romantisme occidental. Toutefois, il faut remarquer que les traditions extrêmes orientales, africaines, sud américaines etc. rapportent également de tels récits féériques ou phénoménaux sous la formes d'images ou de récits qui nous paraissent encore moins compréhensibles. Ces parallèles entre certains contes de fée européens et extrêmes orientaux hindouistes ou bouddhistes ne modifient pas pour autant le pragmastisme de nos modernes. Cependant, il est indéniable qu'au moment des solstices ou des changements de saison on puisse observer des influences particulières dans la nature et chez l'être humain. Celui-ci à des époques très lointaines possédait certainement une plus grande réceptivité de ces phénomènes par une sensibilité plus aiguë au regard de celle de nos contemporains plus orientés, voir cantonnés, dans la science du sensible. Convenons que miracles peuvent s'expliquer métaphysiquement alors que les apparitions d'êtres supra-sensibles aux hommes et femmes du passé nous sont parvenus après un long voyage à travers le temps sous la forme du symbolisme ou du mythe. Si les extra-terrestres existent, un tel phénomène a du ce produire auparavant. Pourquoi leur attribuer les apparences proches de nos concepts terrestres ? En tout état de cause, le mythe ne se révèle qu'aux initiés.

Chapitre I
La mythologie

Le mythe

Mythe, un mot énigmatique et merveilleux à fois, ne fait pas bon ménage avec les historiens et les théologiens, mais peut-être avec les philosophes ? L'historien s'appuie sur des faits vérifiés ou attestés. Le théologien étaie ses dogmes sur la base de l'herméneutique et de la foi. La teneur de l'écrit, justifié et référencé, possède de nos jours une certaine valeur dogmatique. Un mythe n'a jamais valeur de dogme ni d'histoire, mais plutôt une certaine valeur rituelle et symbolique et en cela il rejoint la philosophie générale (métaphysique).

Le mythe est un récit symbolique, incohérent en apparence, véhiculé par la tradition populaire et orale. À notre époque le mythe n'est plus véhiculé ni transmis oralement, mais par les médias : livres, cinéma, vidéo etc. Or, toutes ces véhicules figent le récit, vivant par nature, et ne s'adaptent plus en fonction de l'évolution du cycle, c'est à dire par la « mutabilité » humaine qui permettait sa transmission orale, le locuteur faisant appel à sa mémoire. D'une certaine manière les moyens modernes au regard d'un mythe « hors d'âges » récrés la mémoire.

Aujourd'hui ces œuvres littéraires, comprenons la littérature orale, sont largement adaptées par l'audio-visuel aux impératifs de nos moyens modernes et aux mentalités de notre époque. Si l'écrit fige le mythe, son adaptation scénique, comme cette définition l'indique, modifie en profondeur le mystère que doit envelopper le mythe. Comment cela ?

Venu d'un âge bien lointain, notre mentalité actuelle, décryptera le récit en fonction de nos valeurs actuelles, profanes, détachées totalement du sacré et détruisent la sagesse pour la morale. D'une façon générale nos contemporains portent un regard sur le monde ancien au travers du prisme de la modernité.

L'utilisation abusive du mot mythe est donc souvent inappropriée. Parler du mythe d'une personne célèbre ou historique est incongru, vide par abstraction de tout sens de mystère ou de vérité.

A quoi sert le mythe ? C'est une vérité pure enveloppée dans un récit « charmant ». Pourquoi ce camouflage ? Comme toute vérité elle est inexprimable. Tenter atteindre la vérité sans être initié peut se révéler dangereux voir mortelle. La forme du d'apparence « incohérente » représente donc sa coquille protectrice analogue à celle d'une amande protégeant son fruit.

Le mythe populaire représente souvent le combat d'un héros ou d'un chevalier en quête d'un trésor. Présenté sous des aspects merveilleux, ce trésor masque la Connaissance à atteindre, souvent gardé par un Dragon ou présentant danger ou une grande épreuve. Par exemple, un chevalier brave la mort pour délivrer une princesse ensommeillée ou emprisonnée dans une forteresse ou un castel : telle la Belle au Bois Dormant. Ce thème apparait souvent dénaturé de nos jours par l'aspect romanesque d'un récit aux antipodes d'un vrai romantisme dans le sens authentique du terme dans les productions scéniques modernes.

Il existe une « indéfinité » de mythes attachés à de nombreuses traditions parfois disparues. Au bout du compte tous les mythes possèdent un fil commun, alors que son récit, c'est à dire son enveloppe varie en fonction des temps et des auditoires.

Quand l'époque ne permet plus la compréhension des vérités, le mythe permet à celles-ci de traverser le temps pour les sauvegarder dans l'attente de nouvelles conditions favorables à leur révélation. Ainsi ce voyage dans l'océan de l'incompréhension et de la négation des vérités, le mythe reste pour ainsi dire protégé par sa coquille, au cours de son voyage dans le temps en attendant des jours meilleurs, à la manière de l'Arche de Noé, flottant sur les eaux, le temps d'une création nouvelle. (5)

Pour résumer. Le mythe est littéralement fermé donc inaccessible. La clef du mystère est nécessaire pour accéder à la connaissance. Accéder à celle-ci subitement sans y être préparé risque d'aveugler le néophyte. La vérité peut être subite et frapper comme le tonnerre.

L'eau tient la place principale dans les mythes, elle symbolise la vie, la femme, mais seulement la femme intacte (vierge) comme la vérité. Cette vérité est défendue. Pour l'obtenir il faut la conquérir. On retrouve ici le combat contre

---

(5) Quelques origines ou extensions du mot arche qui signifie vaisseau ou abri - étrusque : *arcanum* qui prend également le sens de mystère et de secret. Arcane, *arx* (arcis) qui signifie citadelle ou forteresse - Latine : *arca* qui prend le sens de coffre, cercueil - Allemand dialectal : *Aacher* qui signifie barque. La racine *arca* (arche) aboutit à deux sens : carcan et castes (voir citadelle) et en allemand prend le sens de *Verschluss* (fermeture, pour mémoire *Schlass* équivaut à serrure et château) et de *Kasten* : boîte. Castel, venant de château (*chastel*) et certainement de chaste. En conclusion il existe un lien étroit entre le mystère, le secret, l'eau, l'embarcation, la forteresse, le mystère et la chasteté, la virginité, c'est-à-dire la pureté et la vérité. La Belle au Bois Dormant se trouve dans un château encerclé d'une forêt de ronces, c'est-à-dire au sein des difficultés ou des obstacles.

une forteresse bien défendue et entourée d'eau : la forteresse est un mystère. Toujours en liaison avec ces symboles on peut y joindre le pèlerinage qui est une marche vers l'eau, c'est-à-dire vers un pôle négatif à partir d'un pôle positif, la rencontre devant ouvrir le pèlerin à la vérité.

L'arche du soleil couchant, Nûn

Nûn, est la 14ième des 28 lettres de l'alphabet arabe, analogue au mois lunaire de 28 jours. La lettre se présente en demi-cercle ouvert par le haut, comme une arche renversée. Elle symbolise le soleil couchant, celui du solstice d'Été.(6) L'arche flotte sur l'eau et renferme le germe symbolisé par le point. *Nûn* signifie poisson en arabe, symbole du renouveau : le poisson sauveur, signe des premiers chrétiens.

L'arc du soleil ascendant, de Noël *Na*, lettre sanscrite, analogue à *Nûn,* lettre arabe, représente dans un demi-cercle renversé, pareil à une coupole ou à un arc le symbolisme des Eaux Supérieures. Son centre reprend également un point.

Rassemblées, les deux figures précédentes forment la coquille hermétique symbolisant la roue cosmique. L'assemblage des deux lettres *Nûn* et *Na* forme le symbole complet du Soleil, « *Ré* » en égyptien, un cercle et un point en son centre. On y retrouve le schéma de la Roue analogue au hiéroglyphe égyptien désignant le soleil. Ce signe symbolise le passage entre deux cycles de vérité traditionnelle conservée comme l'amande dans sa coquille, pareille à la coque d'un bateau traversant les eaux, telle l'Arche de Noé. C'est aussi la fusion de tous les aspects de la vérité dans la vérité et le symbole du mythe.

NÛN   NA   CANCER   RA SOLEIL

(6) Selon « Symbole de la science sacrée » de René Guénon chez Gallimard.

Exemple d'un mythe repris par les Évangiles

Les Rois Mages et Melchisédech représentent des personnages sortis brièvement d'un miroir ou d'un « conte de fée ». En fait il s'agit de mythes. Le mythe est une vérité cachée, une vérité universelle contenue dans un récit souvent incohérent qu'il convient de déchiffrer, écrivions-nous déjà. Ce récit représente généralement le véhicule de cette vérité, le noyau de la vérité à protéger. L'Évangile utilisera dans ce sens souvent le mythe pour passer du Judaïsme au Christianisme ou tout simplement d'une tradition païenne au Christianisme. On utilisera alors le terme de « mythe charnière ». C'est le cas de Melchisédech dans le mythe charnière de Dyonisos de l'épisode des Noces de Cana. Benoît XVI à propos de Melchisédech déclare que :

> les Noces de Cana se *présentent comme une charnière transformatrice entre le mythe païen de Dionysos et Jésus, le Verbe et Dieu. Dionysos figure majeure de la mythologie grecque fut le dieu de la vigne, du vin et de ses excès, de la folie et de la démesure. Il fut un dieu de première importance au sein de l'orphisme. Orphée descend aux Enfers retrouver son Épouse Eurydice. Ce mythe repose sur l'idée que l'âme souillée, à la manière d'un péché originel, est condamnée à errer d'un cycle à un autre, dans un état comparable à celui du samsara hindou. Les hymnes orphiques comportent de très nombreuses prières en son honneur et rendent compte de l'ordre du monde naturel et moral. Dionysos y tient le rôle particulier du feu divin et des festivités liés au cycle annuel répartis entre l'Automne et le Printemps et particulièrement au retour de celui-ci. Selon l'orphisme, Dionysos serait né de Zeus et de Déméter, déesse grecque souvent représentée tenant un épi de blé à la main, mère de la Terre, de l'agriculture et des moissons. La création divine tient dans ces récits une place extraordinaire que l'on retrouvera dans le Judaïsme, reprise timidement par le Christianisme.* (7)

---

(7) Josef Ratzinger dans Jésus de Nazareth - Fayard.

La vision actuelle du mythe et le conte de fée

Depuis la nuit des temps, la transmission des contes de fées s'est opérée sous la forme orale au travers des langages vernaculaires très diversifiés d'un canton à l'autre, si ce n'est pas d'un village à l'autre. Déjà au 16ième siècle ces récits merveilleux entraient dans l'ère de l'écrit, alors que la ruralité poursuivait la tradition orale jusqu'au 20ième siècle.

Une langue, la plus petite et la plus ancienne soit-elle, véhicule la pensée de ses locuteurs, calée sur une structure mentale locale parmi des centaines moyens d'expressions orales d'origine périphérique souvent étrangers à la langue française, fut-elle en voie d'uniformisation depuis le 19ième siècle! Ce phénomène eut un impact considérable sur la pensée des individus de toutes nos régions. Une fois acceptée la langue française devient généralement la langue de communication nationale. Des lors les contes furent lus dans un concept linguistique unique en évolution permanente.

Par ailleurs la langue française subissait à son tour une rapide mutation, ou métamorphose, grâce à la vulgarisation des études universitaires à l'origine d'une transformation du langage quotidien d'ordre sémantique. Ainsi naissaient des langages propres à chaque classe sociale. L'abandon des études latines et grecques pour les langues anglo-axonnes, certes nécessaires dans un monde en cours de mondialisation, s'ajoutait à ce phénomène.

La conscience humaine s'opérant par images, la vision des personnages voir le sens des contes se modifia peu à peu au cours des générations. La morale des contes se radicalisait et la bonne fée s'opposa à la méchante sorcière pour s'aligner à la morale anglo-saxonne que véhiculaient les séries télévisées ou le cinéma et les divers medias au travers des « séries américaines » et des « dessins animés ». Cet autre phénomène a également contribué à l'abandon des langues vernaculaires de nos régions. Par exemple dans nos zones germanophones françaises, des flandres, de l'Alsace et de la Moselle thioise(8), jusque dans les années 1950, les enfants recevaient ces contes de fée dans un parler germanique différent de la syntaxe française. Le stade de l'uniformité du langage et de la pensée semble momentanément achevé, alors que son oeuvre se poursuivra. Le mythe né dans l'oralité et fait pour l'oralité meurt par la disparition de l'oralité. Saussure émet la remarque suivante:

> *« Le système de signes, analogue à l'image comme celui de la langue reçu passivement par les générations successives et qu'à l'instant où il est un fois adopté, on en est plus maître. »*

Jean Markale dans son ouvrage intitulé « La Tradition Celtique en Bretagne armoricaine »(9) développe longuement cet aperçu dans un chapitre intitulé « La réalité du Mythe » dont

---

(8) Zone nord du département de la Moselle de l'ancien Bailliage d'Allemagne et des terres luxembourgeoises annexées en 1659 à la France.
(9) La Tradition Celtique en Bretagne Armoricaine, de chez Payot Paris, 1984.

nous nous permettons de vous donner un court extrait datant déjà des années 1980.

« Or cette immanence (l'oralité étant immanente) existe perpétuellement dans les structures profondes des contes et des récits, qui, depuis le temps les plus reculés sont véhiculés par la tradition orale intégrée parfois dans une littérature officielle qui arrête leur évolution et les fait devenir per-manent, mais le plus souvent colorée par les multiples couleurs réapparaissant au moment où on les attend le moins sous leurs traits les plus immanents.

Et plus loin.

« En échappant (les contes) *tant soit peu à la tyrannie de la culture officielle, ils ont gardé et transmis un patrimoine prodigieux, celui de la tradition populaire, de caractère oral et permanent, véhicule privilégié du mythe de sa potentialité en tant que souvent révolutionnaire....*

Les contes de fées

Les diverses définitions du « conte de fée » offertes par les dictionnaires, convergent tous vers sa démystification qui pourrait nous laisser quelques sentiments d'amertume et déranger notre imaginaire refuge de nos douces rêveries, si ose on dire.

L'apparition de ces récits féériques remontent pourtant bien avant le moyen-âge inspirés par les mythologies celtiques, germaniques mêmes etc., ayant leurs pendants dans les traditions orientales très anciennes comme nous le verrons. Serions-nous en présence de deux catégories de récits? C'est probable.

En revanche d'une manière générale, les récits se sont

nourris des véritables mythes, orientaux, celtiques, issus de la tradition primordiale, commune à toutes les traditions, qui trouve ses racines dans le monde orientale. En revanche l'effet de mode dans les salons des 16ième et 17ième siècles favorisa quelques contes sortis de l'imagination de leurs auteurs. Si le monde rural de ces temps les raillèrent, la raison en revient au savoir ou au pragmatisme de ces populations de tradition orale. Pour rendre justice aux fables de Monsieur de la Fontaine, affirmons de suite que leur teneur fabuleuse issue d'une franche authenticité permet à chacun se retrouver parfois.

La morale de ce prologue, c'est de conserver notre esprit de discernement dans ce maquis de récits que seule la tradition authentique peut garantir.(10)

Définition de conte d'après le dictionnaire historique Le Robert

Il s'agissait jadis de narration de choses vraies (encore au 20ième siècle chez les écrivains archaïsants.) Au 16ième et au 17ième siècle il prend l'acceptation péjorative de récit fait pour abuser. Il est fortement concurrencé depuis par le mot « histoire ». Le sens moderne de « récit inventé » apparaît nettement au 17ième siècle, mais déjà en vieux français avant

---

(10) La Tradition Primordiale est l'idée propre au pérennialisme qu'une unique vérité métaphysique relie intrinsèquement l'ensemble des traditions sacrées à une révélation originaire, dont la cause est non-humaine. Cette vérité intrinsèque aux traditions constitue l'unique « Tradition universelle et unanime », qui se laisse découvrir à travers les multiples correspondances symboliques, mythiques et rituelles qu'ont en commun les différentes traditions sacrées de l'humanité. (Wikipédia).
René Guénon, 15 novembre 1886 - 7 janvier 1951, « figure inclassable de l'histoire intellectuelle du 20ième siècle représente, parmi quelques auteurs reconnus sur le plan international, la figure en Occident comme étant le principal auteur ayant traité ce sujet. Il a publié dix-sept ouvrages de son vivant, auxquels s'ajoutent dix recueils d'articles publiés à titre posthume, soit au total vingt-sept titres régulièrement réédités. Ces livres ont trait principalement à la métaphysique, au symbolisme et à l'ésotérisme et à la critique du monde moderne.

1200. Le mot conte répondait à une fonction de distraction, alors que la nature d'origine de ces récits désignait une réalité beaucoup plus ancienne: l'expression d'une tradition orale multiséculaire « le conte populaire ». Il en va de même du conte de fée, locution relativement récente correspondant à l'adaptation mondaine d'une réalité ancienne très en vogue à la fin du XVIIe siècle. (Les contes de Perrault).

Le verbe conter

Ce verbe nous vient de l'ancien provençal (980) *comptar*, lui même venant du latin *comptare* et prend le sens d'énumérer des faits, narrer, relater etc. Il évolue pour prendre le sens de conter des choses fausses à dessein. Au 17ième siècle, il prend le sens d'imaginer une histoire pour distraire. (Raconter). Le conteur au 12ième siècle écrit des récits pour divertir. Au 16ième siècle, le conteur raconte des histoires auxquelles on ne peut prêter foi, spécialement proposé par un galant. Enfin au 19ième conter prend le sens d'aimer conter ou de raconter.

Chapitre II
Fées et sorcières

Qu'est qu'une Fée ?

Avant de proposer au lecteur une définition aussi simple que possible de la fée, définissons celui de l'ésotérisme. Il désigne le centre de la connaissance la plus profonde, ou l'essentiel (son essence) d'une doctrine que l'on dit cachée, c'est à dire inexprimable que certains nomment péjorativement à mauvais escient occulte. En revanche, l'exotérisme désigne la connaissance extérieure d'un même sujet visible et ouvert à la manière de l'écorce de l'arbre, généralement à la religion, ce terme signifiant « relier à Dieu ou à une croyance ».

Il y eut un ésotérisme chrétien au Moyen-âge comme nous le montrent les pierres de nos cathédrales, chargées de figures et de symboles incompréhensibles par le commun des mortels. Il existe d'autres formes d'ésotérisme, comme celui des traditions orientales et aucune relation hiérarchique entre ésotérisme et exotérisme n'est possible ni recommandable.

Le symbolisme relève de l'ésotérisme et permet à la manière d'une représentation picturale, sonore, chorégraphique etc. et sa mise en relation ou en correspondance avec des vérités inexprimables. Ils n'ont rien de commun avec les nombreuses figures publicitaires généralement nommées logos qui symboliseraient une entreprise, une action etc. Il s'agit dans ce cas d'un amalgame regrettable.

Malheureusement il est dit que l'ésotérisme soit synonyme d'occultisme à bon marché dans lequel on jette pêle-mêle la cartomancie, les arts divinatoires, l'astrologie etc. Ces dernières activités possèdent en revanche les deux faces d'une vérité ésotérique et exotérique comme le sont les contes dits de fait. La vulgarisation de ces écrits en revient à la publication depuis le 17ième siècle de « pseudo contes » pour enfants *stricto senso*.

Les fées relèvent-elle exclusivement du domaine de l'ésotérisme ? Elles le sont. Nous nous permettons de citer l'avis d'un autre auteur à ce propos (11) :

> *Un conte de fée possède toujours un sens ésotérique. La fée, c'est la personnalisation d'une puissance secrète qui nous aide à réaliser notre destin. Le mot fée provient d'ailleurs de "fatum", le destin. L'humanité s'est toujours servie de mythes, de légendes, de fables et de proverbes pour garder vivant un rêve qui dépasse notre compréhension et qui est le but de notre passage, ici, sur cette terre. Pendant des siècles, les hommes se servent d'un rite, d'un jeu et racontent une histoire sans en saisir le sens profond. Mais périodiquement, animée par un souffle nouveau comme le feu par le vent, la lumière et la chaleur renaissent des cendres du mythe ou du rite extérieur pour mener les êtres humains sur un autre chemin dans leur pèlerinage à la Vérité.*

---

(11) « L'ésotérisme des contes de fées de Monsieur Motmans, Bardenbourg, Clairefontaine Belgique ».

Contes de fée et mythes se rejoignent et l'auteur de cette définition conclue :

> « *Périodiquement, animées par un souffle nouveau comme le feu par le vent, la lumière et la chaleur renaissent des cendres du mythe ou du rite extérieur pour mener les êtres humains sur un autre chemin dans leur pèlerinage vers la vérité.* » (Déjà cité.)

La fée

Dieu créa l'être humain à partir des éléments cosmiques de la terre de l'eau. Il lui insuffla son esprit l'air, la Lumière, par l'élément feu. Dieu créa les anges, créatures supérieures à son regard, sans forme, n'« existant » que par la seule « Lumière », à ne pas confondre avec le feu réel, ou la chaleur.

Selon la Genèse, Dieu « créa » entre-temps les jinns invisibles, parfois assimilés aux anges. Ils circulent dans le monde intermédiaire entre ciel et terre.

Jinn est une appellation arabe désignant des êtres constitués essentiellement d'éléments subtils comme le signifie leur appellation « les subtils », c'est-à-dire caché du regard des hommes de la même manière que les anges. Le feu (et non pas la Lumière) et l'air représentent les éléments cosmiques majeurs de leur constitution. Le feu, analogue à la Lumière, différencie sans équivoque les anges des Jinns plutôt proches des génies de certaines mythologies. (12)

La tradition islamique rapporte que Dieu commanda aux anges et aux jinns de s'incliner devant Adam qu'il venait de créer. Tous se prosternèrent à l'exception d'Iblis, un des jinns. Ce dernier, à l'étonnement de Dieu, se permit d'émettre son

---

(12) La création des Jinns ne figurent pas dans la Genèse du récit biblique accepté par le Christianisme. Ils apparaissent sous ce nom dans la tradition islamique. Voir « Aperçus sur la doctrine akbariene des Jinns » selon Abd- Ar-Razzâq Yahyâ, aux Éditions du Turban Noir - 2021.
(13) Coran verset 50, Sourate de la Caverne.

opinion propos de l'homme fraîchement créés par les paroles suivantes : « *Qu'a-t-il de plus ?* ».(13)

Iblis de l'arabe « *ablase* », proche d'ablation, signifie « le détaché », sous-entendu détaché de la miséricorde de Dieu. La désobéissance d'Iblis s'explique par son ignorance de l'excellence d'Adam dont sa supériorité se justifie par l'élément phénoménal de l'eau qui compose majoritairement son corps. L'élément aquatique représente en effet celui qui donne la vie, bien plus important que le feu desséchant composante majoritaire des jinns. Ainsi ces derniers sont devenus rebelles, pour une part seulement. Les partisans d'Iblis déchus vivent depuis dans le monde intermédiaire.(14) Toutefois, ils possèdent la capacité d'apparaître aux hommes, également déchus, à la manière d'une apparition angélique.

Les jinns sont par conséquent proches des démons et restent cependant dans le monde intérieur et non pas dans celui de l'empire du feu de l'Enfer. Ce sont de mauvais génies. Ainsi possèdent-ils potentiellement la faculté de revêtir une forme pour apparaître aux hommes, comme toute créature venant du monde subtil. La forme du Serpent, apparu à Adam et à Ève, fut la forme choisie par le tentateur dans la Genèse, pour sa grande connaissance de la terre. Le serpent symbolise la sagesse de la terre et sa connaissance des sentiments de bien et de mal qui peuvent se manifester par de mauvaises actions.

L'homme, au cours de son existence terrestre, représente la seule créature vivant en permanence dans sa forme originelle. Il reste de ce fait totalement soumis aux quatre éléments sensibles, alors que l'ange subsiste que dans le supra-sensible et peut donc apparaître sous une forme quelconque à l'homme. Quant aux jinns partagés entre supra-sensible et sensible, le feu et l'air, ils possèdent des pouvoirs suggestifs

---

(14) Symboliquement l'univers est représentée par la triade Ciel-Monde intermédiaire-Terre.

initiés par l'air, donc par la parole, quand il revêt une forme visible. Cependant l'homme composé majoritairement d'eau se montre supérieur à ces êtres de feu. Si l'eau de l'homme peut éteindre le feu, l'air majoritaire chez le Jinn le stimule. Il s'introduit partout comme le souffle de la parole et peut par celui-ci déplacer la terre et l'eau sous forme de vapeur, par exemple. La nature essentiellement sensible de l'homme lui permet de « sentir », entendons éprouver des sentiments que provoque le froid, le chaud, l'humide et le sec à l'origine du phénomène psychologique, comme par exemple l'orgueil fatal à l'homme à la manière d'Iblis.

Lors de l'Annonciation à la Vierge Marie, l'archange Gabriel sous une apparence inconnue, que l'on « matérialise » par une représentation humaine munie d'ailes communément admises, utilisa également la parole du Logos, la Lumière divine. Le jinn apparu au premier couple humain sous la forme d'un Serpent, lui insuffla par la parole l'esprit du « Mal », la fausse lumière (celle du feu) au niveau du corps subtil humain, ouvrant ainsi la conscience humaine, celle-ci générant les sens internes et les cinq éléments de sensation propres au corps subtil et les cinq éléments d'action propres au corps grossier.

Quand Dieu façonna Adam à son image, un jinn nommé Harîth, proche « d'Ahriman », le démon » (15), changea de visage jusqu'à s'assombrir de haine contre l'homme. Aussi Dieu prit soin de protéger l'homme par un ange gardien (16) qu'il plaça sur sa droite alors qu'un (méchant) jinn se tenait déjà sur sa

---

(15) La Genèse rapporte que Dieu plongea Adam dans un sommeil profond, il faut entendre plongé dans le « non-manifesté », c'est-à-dire dans un état analogue à celui de la mort. Dieu prit une de ses cotes et referma sa chair. De cette cote Il forma une femme (en hébreu *Ischah* féminin de *Isch*, homme) et dit qu'elle sera nommée ainsi parce que venant de l'homme même.
Ainsi comprendrons-nous qu'Adam fut androgyne à la manière, si nous osons dire de celle d'une fée. En effet ces créatures mi-humaines et mi-divines présentent deux faces ou deux pôles, l'une positive et l'autre négative. Les aubépines, refuges des fées, sont scientifiquement décrites comme étant hermaphrodites, c'est à dire munies des sexes mâle et femelle.
(16) L'ange gardien nommé en arabe *Quarin*.

gauche. En cas d'apparition réputée supra-sensible, l'homme éprouve toutes les difficultés à distinguer la nature sainte ou diabolique du personnage se présentant à lui. (17) (18).

Pour résumer revenons aux fées qui sont des créatures invisibles. Elles empruntent une forme fugace pour apparaître aux êtres humains. Dans les écrits mythiques ou dans les contes, on les découvre souvent auprès d'une source ou d'un puits, d'une grotte, ou encore sous une forme anguipède comme les sirènes etc. Cela est dû à leur constitution essentiellement composée de feu et d'air. Aussi sont-elles à la recherche permanente de l'eau, qu'elle tente de subtiliser à l'homme et à cette occasion elles prennent, comme les jinns et même les anges, une apparence quelconque, généralement la forme d'une dame blanche par la lumière de leur feu.

Sans vouloir offenser les croyances de nos contemporains chrétiens, les nombreuses apparitions survenues au cours des siècles, notamment au 19ième, dans des grottes ou des endroits semi-désertiques de régions à fortes croyances religieuses et fortement imprégnées de la tradition orale où le mythe est constant, sont à mettre sur le compte d'apparition d'êtres supra-sensibles « analogues aux jinns », dans des grottes ou comme dans celui d'un gave des Pyrénées ou de nombreuses

---

(17) En ce qui concerne l'air, la rose des vents se forme dans le désert grâce aux souffles aériens, qui se produisent dans cet espace dégagé, dans les huit directions. Le monde intermédiaire, celui du vent est le domaine des jinns. C'est dans l'espace grâce au savant brassage des quatre éléments produits par les vents venus des huit directions que se crée l'alchimie de la psychologie. Voir le symbole de la tour octogonale. Le vent soufflant sur l'eau modèle la lettre grecque *psi* sur l'eau. C'est aussi le canevas de notre calendrier saisonnier.

(18) Rappelons que la femme est plus forte que le démon, la force de l'eau est en elle. L'eau éteint le feu (du démon). L'eau à l'origine de toute chose représente l'humilité, l'abaissement que n'eut pas Iblis et le feu représentant l'orgueil. Aussi à la fin des temps, l'Antéchrist, un homme, sera vaincu par la femme. La femme symbolisée par l'eau, cette dernière tend à se stabiliser, épouse les formes et reste horizontale et en ce sens elle est médiatrice, c'est le sens profond de la Vierge Marie. Cependant Iblis et ses partisans ayant péché par ignorance bénéficieront à la fin des temps de la miséricorde divine. Selon Ânanda K. Coomaraswamy dans la Doctrine du sacrifice, chapitre Anges et Titans.

apparitions d'êtres de Lumière au cours des siècles selon les annales. C'est dans ces endroits, généralement une grotte, d'où jaillissait l'eau des profondeurs de la montagne, qu'apparaissaient déjà les fées de l'antiquité, les fameuses dames blanches, nommées *Banshee* en irlandais, éclatantes de lumière dispensatrices de bienfaits ou de miracles. C'est dans une de ces grottes nommée Massabielle à Lourdes, que Bernadette Soubirous déclare à l'évêque du lieu avoir vu une « belle dame », et comme on la croit volontiers !

La chrétienté ne s'autorise aucune métaphysique c'est à dire aucun ésotérisme, en dehors de l'herméneutique qu'elle a développé et modifié mainte fois. Pourtant comme nous l'avons vu dans l'exemple des Rois Mages et de Melchisédech, on peut s'interroger à propos de certains passages tels que le Buisson Ardent en proie aux flammes, l'élément feu, alors que dans cet épisode biblique l'arbre représentant la connaissance de Dieu reste inconsumable. On ne s'étonnera pas que certains opposants au Christianisme nomment ses institutions millénaires chrétiennes (exotériques) de « La Fable ». Or la manifestation divine parvient aux hommes dans un langage compréhensible par tous par l'intermédiaire d'un récit fabuleux, que l'Eglise Romaine s'interdit de reconnaître publiquement.

Langage et écrits sont des symboles qu'indiffèrent ceux qui ne sont pas en mesure de la décrypter, car seule la foi compte, aussi la liturgie divine doit-être riche afin de compenser ce manque.

Un dernier mot à propos des fées de la mythologie germanique. La fée, *Fyl-gja* en scandinave, serait l'accompagnatrice du valeureux guerrier. Elle est expressément un double d'un individu, une sorte d'esprit gardien, devenu ange gardien avec le christianisme, traduit naturellement par *fyulgjuengill*. Les walkyries guerrières, surnaturelles, surgissent du lumineux royaume ouranien des Ases pour chercher sur les champs de batailles les âmes des guerriers, les plus valeureux morts. D'où *hamin-gja* esprit protecteur des fées.

Hamin proche du scandinave *hamr* désigne à la fois l'apparence d'un être, sa forme, son aspect extérieur tout autant que son âme. L'âme est comparée à un habit que l'on endosse. Expression « être revêtu de son habit blanc, comme Moïse descendu de la Montagne » (19). Sens : enveloppe qui colle à la peau, mot emprunté soit au Gaulois ou au Germanique.

Excursus. Lourdes

À Lourdes, la grotte de Massabielle reste significative des apparitions de la Vierge Marie à une jeune fille au 19ième siècle. Cet endroit apparaît comme un lieu d'une influence bénéfique sans conteste depuis ... toujours.

Les montagnes pyrénéennes sont exceptionnelles, voir uniques, dans le monde, pour la profondeur de leurs racines au regard de la norme observée chez les autres montagnes. En effet le rapport habituel entre les racines et la partie « émergée » est d'un pour trois. Or pour les Pyrénées il est d'un pour dix-sept, ce qui est colossal. Le point culminant de cette chaîne montagneuse franco-espagnole est de quatre mille trois cents mètres, ce qui signifie que les racines pyrénéennes plongent à plus de soixante-treize kilomètres de profondeur ! Nous savons les propriétés des influences telluriques, en principe bénéfiques quand le réseau magnétique n'est pas rompu par des travaux publics de grande envergure. Nous avons effleuré les raisons du druidisme pour sa grande vénération des pierres et rochers, voir des montagnes. La pierre contient en elle un potentiel énorme d'énergie, que les nombreuses et généreuses

---

(19) Graal et Alchimie de Paul-Georges Sansonetti.

infiltrations de l'eau véhiculent jusqu'à sa source. Monsieur Gilbert Le Cossec dans son ouvrage « Le souffle du menhir » le démontre parfaitement et scientifiquement.[20] C'est bien grâce à l'eau que ces miracles se réalisent par l'immersion du pèlerin dans celle-ci. Cette eau bénéfique jaillit dans la grotte de Massabielle après avoir parcouru un long chemin difficile, tortueux et accidenté dans les roches des profondes racines montagnardes, dont on n'imagine pas leur teneur quantité de minéraux de toute sorte. Il s'agit bien du miracle de l'eau. Ces sources sont des torrents particuliers aux Pyrénées, notamment entre Pau et Tarbes. Celles des montagnes pyrénéennes se nomment « gaves », du mot gascon « *gabe* » ou encore « *gabaru* ». Le nombre de stations thermales pyrénéennes est fabuleux. Enfin nous connaissons tous les bienfaits des eaux minérales.

Il n'est pas question de désacraliser un site religieux ou de démystifier un haut lieu de pèlerinage de la chrétienté qui attire régulièrement des croyants venus du monde entier obtenir des grâces de toutes sortes, généralement les guérisons de maladies incurables.

Les nombreux miracles reconnus par l'Église Romaine et attestés médicalement sont infimes au regard d'un nombre important de miracles non reconnus et non avoués, mais réels. Il s'agit d'une multitude de petits miracles restés dans le secret des cœurs de beaucoup de pèlerins. Or, sans la foi le miracle, ne s'opère pas. La réalisation du prodige est dépendante de l'adhésion pleine et entière du croyant à cette même foi qui animait les païens jadis dans le pouvoir des fées ou des divinités guérisseuses.

---

[20] Il rappelle que les développements du progrès ont engendré des ondes nocives dans les maisons et ont coupé peu à peu l'homme de l'équilibre nécessaire entre les énergies du ciel et de la terre. Ces expériences démontrent scientifiquement la respiration parfois interrompue d'un souffle puissant entre la Terre et le Ciel. Les anciens imaginèrent établir un relevé géographique de ces phénomènes en plantant des mégalithes aux points précis des zones les plus sensibles. Dans le « Souffle du Menhir » par Gilbert le Cossec ou « Les forces du ciel et de la terre » chez Dervy Collection : Les lieux de la tradition. 1998.

Bonnes et mauvaises fées

Elles représentent chacune une face d'une même puissance. Monsieur Anândâ Coomaraswamy le définit parfaitement:

« *Ceux qui étudient la théologie et la mythologie savent que l'on peut envisager deux aspects de Dieu: l'un bienveillant et l'autre terrifiant. Il suscite aussi bien l'amour que la crainte. Il est à la fois Lumière et Ténèbres, révélation et mystères. Sous son aspect terrifiant, il est entouré de nuages et d'obscurité. La Lumière est Vie, Ténèbres Mort. L'un correspond à notre idée de bien, l'autre à celle du Mal.* »(21)

Ajoutons à cela que les créatures subtiles du monde suprasensible peuvent se manifester sous divers aspects. L'existence corporelle est soumise aux conditions suivantes : l'espace, le temps, la matière et la vie.

(21) Anândâ Coosmaraswamy dans la « Doctrine du Sacrifice chez Dervy. »

S'agissant d'êtres subtils, les fées ou les sorcières se composent essentiellement de feu et d'air à la manière des anges.(22) Ils apparaissent aux êtres humains sous divers formes fugaces, comme une image ou un mirage. Le corps grossier ne s'obtient que par le pouvoir de germination de la Lune, c'est à dire par l'association de l'eau à la terre féconde et sous la chaleur solaire. Ce qui justifie de l'attirance des fées par l'eau des fontaines le « soir de clair de Lune ». Pour une meilleure compréhension de ces « personnages fabuleux », essentiellement féminins à l'origine de nos contes dits de fées, faisons appel à la linguistique, la science du langage.

La dénomination fée est l'aboutissement de *fata,* venant du verbe latin *far* signifiant parler, ce qui a donné fable. On accorde à ces êtres « magiques » le pouvoir d'influencer la destinée humaine, le *fatum,* comme le rappelle la locution suivante : « *Une bonne fée s'est penchée sur le berceau d'un nouveau-né* ». Il s'agit d'êtres surnaturels, hors du monde sensible et de la forme, aussi ne font-elles qu'apparaitre, bien que les contes leur offrent, dans leurs récits, un corps humain comme dans le récit de Mélusine.

Elles s'entendent non engendrées et peuvent apparaître donc sous divers aspects. Existent-elles vraiment ? Allez savoir !? Sont-elles le fruit de l'imagination humaine et ou symboles par mise en correspondance avec l'au-delà dont nous ne sommes pas et qui nous échappe?

Il est question de contes de fées et d'aventures fabuleuses. Ne confondant pas fables et contes de fées. Monsieur de la Fontaine faisait parler les animaux par référence à la fameuse métempsycose(23) celtique, ce qui est « encore » merveilleux.

---

(21) Voir le chapitre Qu'est-ce la fée ?
(22) La métempsycose représente le phénomène de la transmigration d'une âme humaine dans un corps animal, ici selon le druidisme. Ce qui a fait parler les animaux des fables.
(23) Merveilleux nous vient du latin mirabilis qui a donné miracle.

Mais de nos jours, le lecteur accordera plutôt le merveilleux à la plume de auteur et sa prouesse littéraire ! Nous utilisons ces termes quotidiennement et de fait la vulgarisation déclasse le merveilleux de son sens original du « miracle ». La déviation progressive du langage conduit à la dévalorisation ou à la déviation du sens des mots à l'origine de la matérialisation d'éléments relevant du monde supra-sensible.(23)

Ces croyances furent vivaces dans un passé lointain, moyenâgeux, où l'Église les qualifiait de diaboliques. En effet quels auteurs de nos siècles passés n'ont-ils pas fait parler les animaux dans leurs contes? Aussi Walt Disney avec la puissance américaine de l'édition, puis du dessin animé, a conquit le monde. L'homme s'est souvent réfugié dans l'imaginaire, jouant parfois un jeu de rôle, ou encore dans le mythe du retour des extra-terrestres! En effet ceci n'est pas nouveau. Mais que nous réserve vraiment le cosmos ou l'univers? (24)

Or le succès durable de « nos » contes de fées les plus courants, comme ceux rapportés par Perrault tirés de la tradition orale, s'explique par le relais de l'imprimerie ou de l'édition dans ce domaine à une époque où cette initiative faisait écho à la tradition orale encore bien vivante dans nos sociétés agraires de l'époque. En fait les images de nos albums pour enfants venaient illustrer l'imaginaire et par ce fait briser le merveilleux qui par nature est insaisissable comme la nature même des fées. Il s'agit du pouvoir de suggestion de l'image. Enfin ajoutons que le monde des animaux passionne les enfants depuis la création de la Terre, ce qui se confirme par l'intérêt des nouvelles générations à l'écologie et même à l'animalisme montant.

L'industrie du cinéma, de la vidéo et des écrans ont produit une marée de contes modernes, toutefois toujours sur

---

(24) Il s'agit véritablement un mythe moderne datant des 19ième et 20ième siècles par certains mouvements occultistes favorables au retour d'une manière de vivre et de s'alimenter proche de la nature.

un support merveilleux, mais également de violence, de dualité, de guerre etc. tant sur terre que dans l'espace interplanétaire, symbolisant ainsi la lutte entre le bien et le mal si cher aux anglo-saxons dans leurs productions cinématographiques.

Nos contemporains manifestent un regain d'intérêt pour la magie et le mystère des fées et des sorcières, contrairement à la majorité des générations précédentes qui les fuyaient. Il est vrai que notre époque ne craint plus le Diable ni le Dragon. L'homme moderne trouve-t-il le fabuleux classique éculé ? Il apparaît chercher d'autres expédients pour rêver d'autres mondes et des nouvelles sensations ? Les récits bibliques et évangéliques n'étaient-ils pas de l'ordre du fabuleux ou du merveilleux ? La perte de la foi religieuse et la mort du Diable font que l'homme ne craint plus l'extra-sensible, ce qui a sur-dimensionné le drame de la mort sans autre issue. Aussi la quête de l'éternité s'est-elle transformée en spéculation sur les avancées des progrès de la science, donc du sensible, qui permettrait un jour, peut-être de trouver le « remède » miraculeux de la mort pour l'éternité. En attendant, le mythe d'une re-naissance dans un espace inconnu du cosmos permet de patienter...(25) Revenons aux fées.

La langue provençale propose le mot *fada* pour désigner « *l'homme hors de la norme mentale ou un peu fou* ». Fou, mais beaucoup moins qu'on ne le pense. Les provençaux considèrent l'homme en cause qu'il est « *touché par les fées...* »

---

(25) Raymond Ruyer dans « La Gnose de Princeton - Des Savants à la Recherche d'une Religion » chez Fayard. 1974.
(26) La sorcière en irlandais *witche*s. Le mot n'existe qu'au féminin. Le lecteur sera indulgent avec l'auteur dans ses comparaisons fréquentes des mots de la langue française avec le langage germanique. En effet, dans celui-ci, la femme veuve se nomme *Witfra*. *Witches* devait traduire certainement la mauvaise fée. Comme dans Blanche Neige : *Schnéiwitchen*. Le rosier sauvage soit l'aubépine ou le roncier fut le domaine et le refuge des fées. De ces rosiers sauvages les druides lançaient des *géis*, un tabou, un sort.

La langue allemande, en parlant de la fée, la nomme plus modestement *der guter Geist*, le bon génie ou le bon esprit, ce qui sous-entend qu'il existe de bonnes et de mauvaises fées.(26 page précédente) C'est en effet possible comme nous le définissait Anânda Coomaraswamy en début de ce chapitre. En effet la langue allemande, plus influencée par la mythologie germanique, évoque plus généralement la fée par la « sorcière », *die Hexe*. Le germanisme rapproche ce mot à la haie, *Hecke* en allemand, le refuge des fées. Cette bizarrerie à nos yeux latins est le fruit d'une différence de culture quasi radicale. Le terme allemand *Hexe* désigne souvent une jeune fille ou une femme maligne, pas forcément mauvaise, mais capable de détourner un homme, ce qui ressemble fortement à un conte de fées « moderne ». Et finalement on comprendra que la fée soit du genre féminin, non divine, toutefois un être relevant du supra-sensible comme le Ciel religieux.

La définition allemande réduit la distinction entre fée et sorcière au regard de la linguistique. *Hexe* se trouve proche de la fée pyrénéenne *Haddas,* étymologiquement proche de *Heide* en allemand qui signifie la lande païenne productrice de légendes anciennes.

Que trouve-t-on dans les taillis en lisière des forêts ? Ce sont des Aubépines nommées en allemand *Hagedorn,* les haies piquantes! Cet arbuste peut prendre une hauteur importante d'un arbre.

Les contes de fées sont nombreux particulièrement dans la tradition celtique telle qu'en Irlande et en Bretagne qui ont su sauvegarder cet héritage du massacre romain voir chrétien. La raison s'explique en partie par la nature essentiellement orale de ce monde, l'oralité étant le meilleur des coffres-forts. Les censeurs et les inquisiteurs de toutes époques pouvaient détruire les écrits mais restaient impuissants devant le secret de la pensée, toutefois avouée sous l'horrible torture.

L'irlandais ancien nommait la fée: *banschee*, la dame des

aubépines. Ce mot est composé de *ban* signifiant femme et de *scé* désignant l'aubépine.(27) Et c'est dans les racines des aubépines que l'on a découvert un grand nombre de vierges noires, dont nous reparlerons.

Encore un mot à propos des fées. En linguistique nous savons que le H peut être prononcé soit u, g, soit encore w. Or le mot *Hag*, allemand si proche linguistiquement de la haie, a donné *Wesen* (en allemand) qui signifie un « être », figure tout autant mauvaise que bonne, proche du mot *Hexe* allemand, la sorcière.

Enfin, fade en vieux français, proche de fada, signifie « privé de qualités sensibles ».

---

(27) Le druide lançait devant les aubépines de *scella*, c'est à dire des incantations.

Le repas des fées et les nuits saisonnières des sorcières

Les repas nocturnes tels que les réveillons de Noël et du Nouvel An, pour seuls exemples, reposent en partie sur des rites anciens tels que les « Repas des fées ».

Le sens du terme « réveillon » tient sa source dans celui de « l'éveil ». S'agissait-il de rester éveiller ? Certains dictionnaires évoquent son origine dans le vieux français « *ravayon* »(28) signifiant gifle. Surprenant ? Or cette définition est donnée dans le contexte du mot réveil et réveillon. On imagine qu'une gifle réveille celui qui la subit...

Doit-on en conclure que le réveillon, ce repas nocturne, soit un temps de rester éveillé dans l'attente de l'esprit ou des fées, nommé également « le repas des Parques » désignant tantôt celui du destin ou celui de la mort?

Notre époque actuelle ne connaît que le réveillon de Noël et celui du Jour de l'an, un doublon. Ces repas sont pris en

---

(28) Dictionnaire historique de la langue française de Le Robert.

principe à minuit, l'heure convenue de la descente du Père Noël dans la maison…, descente par la cheminée. Or le Père Noël n'est qu'une forme symbolique d'un être supra-sensible telle que la fée.

Ces personnages nous apportent des cadeaux qui ne sont en fait que des récompenses. Aux enfants il était dit « *qu'ils soient sages toute l'année, afin que le Père Noël leurs apporte des cadeaux* ».

La légende veut que les fées rendent visite aux foyers en passant par la cheminée. Pourquoi par ce chemin ? Ce conduit représentait en quelque sorte l'*axe mundi*, le lien entre le ciel et la terre, le puits dans les veilles maisons se situait généralement dans le prolongement de la cheminée, reliant le monde visible au centre de la Terre.

C'est donc par la voie « supra-sensible » que la fée descend. Elle visite les maisons pour s'assurer de la bonne hospitalité des foyers, si le ménage est bien tenu etc… Rassurée et satisfaite elle dispense aux personnes assises autour de la table des récompenses.

Certains contes bretons évoquent les réprimandes formulées par les fées à l'encontre de certaines femmes au foyer pour leur tenue peu satisfaisante de leur maison.

Pas de réveillon avant la Messe de Minuit dans le monde chrétien! Cet office religieux, célébré à l'heure dite, peut être mis en parallèle avec cette descente du ciel évoquée par celles de fées.(29) En fait de quoi s'agit-il ?

La descente des grâces et des bienfaits viennent d'en haut comme à Noël au Solstice d'Hiver ou encore au Nouvel-An qui représente également un passage. Nous savons qu'il s'agit d'évènements cosmiques. Le soleil se redresse après trois jours pour reprendre son parcours vers l'ensoleillement.

---

(29) Dans nos provinces profondes, il est encore dit qu'au réveillon du Jour de l'An, il convient de se vêtir de vêtements rouges, ce qui favorisera de fortes rentrées d'argent dans l'année qui vient de naître. La couleur rouge étant mise en référence à celle du Père Noël ou des gnomes du « Petit Monde ». C'est aussi la couleur du Saint-Esprit.

Dans le temps plus reculés, on veillait dans les nuits des Solstices, afin de recevoir les effets bénéfiques du cosmos de ces instants privilégiés. D'autres réveillons avaient cours à des dates-étapes du mouvement cosmique comme à la Saint Lambert, Saint Michel etc.... En tout état de cause les « quatre fêtes d'ouverture saisonnière » faisaient l'objet d'une nuit des fées, ou des sorcières.

La saint sylvestre

Dans l'imaginaire du Moyen-Âge, le jour de l'an, entendons plutôt la Nuit de l'an, apparaissait comme celui des dangers du monde animal et des esprits de la forêt, d'où la commémoration du Pape du même nom, Sylvestre, venant de *Sylva*, la forêt. À cette occasion dans les pays méditerranéens, il était de coutume de jeter de la vaisselle par la fenêtre ou d'allumer des feux et des pétards afin de chasser ces dangers imaginaires.

La nuit des sorcières du 30 avril au 1er mai

Au Moyen-Âge, le 30 avril, veille du 1er Mai, on plantait au cours de cette nuit un arbre devant la fenêtre des jeunes filles.(30) Ces fêtes nocturnes sont au nombre de quatre dans l'année et président les fêtes d'ouverture des saisons. Une promenade nocturne pouvait se révéler dangereuse hors du village, les fées messagères des cieux risquaient de vous emporter. En effet le ciel s'ouvrait alors et deux mondes

---

(30) Dans l'antiquité la nuit était la première partie de la journée, tout commençait par le sombre. La seule langue européenne, le luxembourgeois, a conservé un adverbe dans le langage courant et quotidien désignant la partie sombre de ce début de journée à la nuit tombée. Ce pays très boisé a conservé de nombreuses traditions celtiques, comme le révèle encore son dictionnaire Luxemburger Wörterbuch, à savoir **hënt** pour désigner la nuit en cours et la nuit passée. La nuit prochaine se traduit par *zans*, la nuit à venir. En vieux français *hënt* peut se rapprocher d'« anuit », qui signifiait littéralement « aujourd'hui-la nuit », héritage du mot Gaulois *Atenouxtion*.

communiquaient, celui des morts avec celui des vivants. C'est la raison pour laquelle ces nuits sont dites « La Nuit des Sorcières ». Elles donnaient lieu à des festivités musicales et rappelaient que les fées attiraient par la musique l'espèce humaine vivante.

A cette époque de l'année, la nature veille encore sous le gris de l'hiver dans l'attente de sa transformation au cours de la nuit, le fleurissement subit des pruneliers et des aubépines.

Le 1er mai on arborait une fleur d'églantine. C'est la seule rose que produit la nature, simple à cinq pétales, blanches ou roses. Elle signifie modestie, solitude etc.

La fête du travail fut adossée à une fête celtique. Celle-ci, la fête du Druide, fut très populaire, nommée Beltaine. Il s'agissait du premier jour de l'Été celtique.

Le mois de Mai ne manque pas de traditions, d'usages de survivances et de croyances anciennes. C'est le mois le plus important de l'année. A l'occasion de cette fête l'on s'offrait non pas un brin de muguet mais une branche fleurie d'Aubépine.

> *« Au 19ième siècle à Metz, on allait en procession à la Porte des Allemands, le matin du Premier Mai. Là, se trouvait le "Bonne Fontaine" dont on buvait l'eau. Ensuite, on dansait, mais on portait à la boutonnière une petite branche de verveine, l'herbe sacrée par excellence, dont parle Pline l'Ancien à propos des druides. »* (31)

Le mois de Mai était associé au culte des arbres. Le culte de la Vierge a repris la tradition celtique. Les mois de Mai, d'Août et d'Octobre lui sont dédiés. Ce sont aussi des mois d'orages fréquents. Un orage à cette époque est courant. Le feu du tonnerre, les éclairs, produisent l'eau, élément associé aux fées.

---

(31) Voir l'ouvrage de Jean Markale « Le Christianisme Celtique » - Éditions Imago - pages 195 à 207 sur les survivances des usages du premier mai en France.

La cheminée passage des fées

La cheminée peut être rapprochée du symbole du « Pilier du monde » ou encore de l'ouverture de la tente du nomade par laquelle il apercevait l'étoile polaire et le Soleil de Minuit.

Au Luxembourg, une tradition se perpétue au soir du 31 Janvier de la fête celtique d'Imbolc,(32) veille de la Sainte Brigitte irlandaise. À la tombée de la nuit, les enfants chantent de maison en maison pour rappeler une coutume de charité, tombée en désuétude, envers les plus démunis en cette fin d'Hiver où les vivres venaient à manquer à une époque où les populations vivaient des leurs propres productions. Les foyers toléraient cette nuit-là que les pauvres et mendiants puissent se « servir » eux-mêmes de ce qui leur faisait défaut. On avait soin de déposer au bas de la cheminée centrale toutes sortes de provisions comme des haricots séchés et de la charcuterie etc.

---

(32) Cette tradition se nomme en luxembourgeois, *Mëssliichtdag,* soit la Fête des lumières.

Après être montés sur les toits, les « quémandeurs » devaient descendre le conduit de la hotte, très large en ces régions, en s'éclairant d'un lampion suspendu au bout d'un bâton. Cette lumière descendue au coeur des maisons, n'était-ce pas finalement le rituel du retour de la lumière au Printemps?

Ainsi les enfants parcouraient leur village, ou leur quartier, armés d'un bâton-lampion.

René Guénon en parlant de la caverne que l'on pourra comparer à l'âtre, cite (33)

> « ... l'éclairage intérieur comme n'étant que le reflet d'une lumière qui pénètre à travers le toit du monde, la porte solaire, qui est l'œil de la voûte cosmique ou l'ouverture supérieure de la caverne ? Dans l'ordre microcosmique, cette ouverture correspond à Brahma-Randha, c'est à dire au point de contact de l'individualité avec le septième rayon du soleil spirituel.

La cheminée par Edouard Brasey. (34)

> « En basse Bretagne, on dit qu'une très vieille fée descendait par la cheminée la veille de la Saint-André (35) à minuit précise. Si la ménagère était encore occupée à filer, la fée la grondait et l'envoyait se coucher. D'autres fées empruntaient le même chemin pour venir en réconfort aux malades et aux malheureux, etc....
>
> La cheminée symbolise tout à la fois, le foyer, cœur ardent de la maisonnée, et le lieu de passage d'une réalité à l'autre, de l'ici-

---

(33) Dans son ouvrage intitulé « Symboles de la Science sacrée », page 211.
(34) Enquête sur l'existence des fées et des esprits de la nature. Edition Aventure Secrète.
(35) Dans l'ancien calendrier Julien la période de l'Avent représentait un carême de 40 jours analogue à celui d'avant Pâques. Il débutait au lendemain du 11 Novembre à la saint Léon, prénom anagramme de Noël. À la saint André, on célébrait la mi-carême.

bas à l'au-delà. La cheminée est une ouverture vers le ciel, par où montent les prières et les fumées du feu de bois et par où descendent le père Noël, les fées et les sorcières.

Les fées veillent sur les foyers et la naissance des êtres humains, mais également sur leur décès. Elles sont aux sources de la vie et de la mort, et aident les mortels à passer d'une dimension à l'autre, comme elles-mêmes passent par les conduits de cheminées.

Les fées sont des divinités du passage du chaos à l'ordre du non-être à l'être. Elles sont des accoucheuses de monde. Associées aux mythologies de la grande Déesse Mère, elles incarnent la part féminine du Dieu créateur... à mi-chemin entre la terre et le ciel, elles intercèdent en faveur des hommes. »

Le gué sous la protection des fées

La nuit tombe, les fées surveillent chemins, gués, ponts et carrefours.

Saint Christophe, le passeur et protecteur des inondations et des gués remplaça les vieilles divinités païennes ou les génies protecteurs des lieux de passage. Les fées dans la mythologie celtique surveillaient carrefours et chemins dès la tombée de la nuit. Tout passage représente un danger tant pour le corps que pour l'âme.

Le gué, un chemin de pierre construit sur le lit même d'une rivière ou d'un ruisseau, permettait la traversée du bétail, des attelages, des voyageurs et des cavaliers.

La vitesse d'écoulement de la masse d'eau varie selon les circonstances climatiques et saisonnières. Les crues causées par les pluies diluviennes, la fonte des neiges etc., déploient une force extraordinaire et risquent d'endommager l'ouvrage. Chacun d'eux est différent. Dans l'antiquité, sa construction, son entretien et sa remise en état revenait à un homme de l'art ou jadis par un prêtre ou un druide averti de la vie du cours d'eau. Dangereux, leur passage demandait l'aide d'un guide ou à d'un passeur.(36)

Au cours de la seconde partie du siècle dernier, nombreux gués disparurent par manque de soins ou lors des combats de la Seconde Guerre Mondiale et leurs bombardements. La navigation fluviale moderne développée par l'industrie exigeait de nouveaux gabarits. Des transformations profondes des voies navigables classiques furent nécessaires : correction du fil des rivières, constructions d'écluses, destruction des chemins de halage et rehaussement des berges, afin de régulariser le débit de l'eau. Ces aménagements augmentèrent le niveau de l'eau, inondant définitivement les rives. La Loire fut sauvée du massacre de la navigation moderne. Son inscription au patrimoine mondial l'a sanctuarisé. L'Ours, l'a-t-il protégé? (37)

La mythologie parle d'un génie gardien des ponts et gués : l'ange gardien du pont ou la fée surveillant aussi les chemins des plaines souvent noyés, nommés pour la circonstance *noués* dans la langue bretonne.(38)

Tout passage était donc placé sous la protection d'un esprit ou d'un génie quelconque. Les gués sont des symboles de traversée d'un monde à l'autre et du passage devant le gardien du lieu (gardien du seuil). Ce voyage périlleux exigeait le secours d'un *pontifex*,(39) l'intermédiaire des hommes et du ciel.

---

(36) Monsieur Gaston Roupenel dans son Histoire de la Campagne Française rapporte : ... *presque toujours leurs sites (les villages) correspondent à la fois à un ancien gué et à une courbe de la rivière. Les deux choses sont en effet souvent associées. C'est la sinuosité qui façonne le gué. Le courant ralentit après avoir heurté et érodé une rive concave, laisse presque aussitôt déposer les débris dont il vient de se charger.* Ces endroits de construction sont redoutables.
(37) L'Ours est le nom celtique ou préceltique du fleuve Loire. (Déjà cité).
(38) *Noué* tient son origine de *noe* ou encore de *nauda* dans le latin médiéval et le Gaulois. Chemin souvent inondé, il nomme également l'intervalle entre deux sillons dans lequel les eaux de pluie stagnent. On retrouvera l'étymologie dans le bas latin *nauca*, qui donnera *nef*.

Le roi celte se faisait « pont » de ses guerriers au passage de l'eau. Tout roi est un *pontifex*. Détruire un gué ou une borne portait malheur et était puni de mort. Le Christianisme attribua à Saint Christophe ce rôle de passeur.

La sagesse ou l'esprit pur tel que l'ange gardien, guide le voyageur dans ce passage au-delà de cette frontière du monde que représente toujours l'eau. Ce sont les fées, les esprits des eaux, les ondines, qui surveillaient les noués ou les gués particulièrement dans la tradition celtique.

(39) Le Pontifex est le pont entre le monde et les mondes supérieurs. En sanscrit un terme propre aux *Jainas*, l'équivalent de Pontifex latin, est le *Tîrthamkara*, c'est à dire celui qui fait un gué ou un passage. Il s'agit du chemin de la délivrance *Mohsha*. Les *Tirthamkara* sont au nombre de 24, nombre des vieillards de l'Apocalypse qui constitue aussi le collège pontifical. René Guénon dans le Roi du Monde, page 15, note 1.

La femme, la fée et l'eau

En Égypte Isis, tenait à la fois le feu et l'eau et personnifiait la conscience émergeant de la confusion ainsi que la naissance de l'esprit.

*

Le nouvel an de l'ancienne Égypte débutait le 19 Juillet avec la crue du Nil. À cette période de l'année, le Soleil entre dans le signe du Lion, celui du feu et plus précisément dans la constellation du Chien, celle de la Canicule. Selon la Tradition, la nouvelle année symbolisait le recommencement du Monde par inondation. Par le déluge, Dieu « refait » le Monde. L'inondation est la mort avant la renaissance. La vie passe par l'eau, comme le symbolise cette révolution qui s'opère par le baptême qui n'est que l'entrée dans une nouvelle vie. C'est un plongeon dans l'eau ou dans la vie avec les risques que cela comporte.

La mythologie celte rapporte de nombreux récits à propos d'inondations dues, notamment, aux négligences des fameuses gardiennes de l'eau. La légende « *deu Lough Neagh* » (Irlande) recueillie auprès de Jean Markale :

> *« Le roi Ecca a établi une forteresse et les habitations dans une plaine basse où se trouve un puits magique entouré de murs épais. Et il choisit une femme pour prendre soin de celle-ci de garder strictement la porte fermée, sauf quand les gens de la forteresse viendraient chercher l'eau. Par la suite, après des prophéties concernant une submersion de les Leix : la femme qui avait été chargée de la Fontaine, à une certaine occasion, oublia de fermer la porte. Immédiatement l'eau s'engouffra dans la plaine et forma un grand Lac. Ecca, toute sa famille et tous ses gens furent noyés, sauf sa fille Libane ». Cette Libane qui fut certainement la femme chargée de la fontaine ne meurt pas vraiment : elle vécut une année entière avec son petit chien dans sa chambre sous le lac. Comme elle finit par s'ennuyer, elle désire se transformer en poisson : A ces mots, elle prit la forme d'un saumon; seuls sa figure et ses seins ne changèrent pas. » Elle vécu ainsi pendant trois cents ans avant d'être repêchée par saint Congall qui la baptisa sous le nom de « Muirgen »=née de la mer (Morgane) ». (40)*

Une autre légende rapporte l'histoire d'une jeune fille chargée de garder une fontaine. Son roi ivre lui vole sa virginité pendant sa garde. L'inattention forcée de la jeune fille provoque par son absence momentanée le débordement de la fontaine et l'inondation de la plaine. La jeune fille a-t-elle désobéi ou fut-elle tentée de désobéir à son Roi? Ou a-t-elle cédée? Cruel dilemme et éternelle interrogation.

Les inondations sont toujours des catastrophes conséquentes à des désobéissances quelles qu'elles soient. Mais fécondes, elles nourrissent déjà le monde nouveau. Nous gardons en mémoire le déluge que relate la Bible, dont seul Noé put s'en échapper avec sa famille et nombre d'animaux et d'espèces végétales recueillis dans l'arche qu'il construisit sur l'ordre de Dieu.

(40) Jean Markale dans « La Femme celte » Édition Payot.

Le culte des sources est lié à la santé et par conséquence aux guérisons grâce à l'énergie que diffuse l'eau. L'eau est capitale pour la vie et peut également mener à la mort comme tout élément pris ou subit à l'excès. Il est peu de sources qui ne soient pas dédiées à une divinité ayant le pouvoir de guérir, en cela le Christianisme a conservé la tradition druidique.

On comprendra ainsi que les femmes à la fontaine soient accompagnées de leurs filles et de leurs jeunes garçons, selon la vieille tradition du culte des fontaines ou des sources, au cours de certaines cérémonies notamment à l'occasion du Solstice d'Été. Elles y poussaient des cris d'allégresse. La présence féminine à cet endroit est symbole de fécondité. Les images de la femme près du puits sont nombreuses.

> « *Si les femmes, en tant que genre, jouent un rôle prépondérant dans les traditions de Mai, parmi elles les jeunes filles occupent une place de choix. Il est notoire que bon nombre de coutumes doivent être respectées par elles, car* elles *leur sont réservées ou concernent cette catégorie de la communauté. Par ailleurs, il faut remarquer que les enfants, quand il en est question, sont assimilés à cette catégorie.* »

Jean Markale évoque la légende de la gardienne de l'eau se métamorphosant sous la forme du poisson pour devenir un personnage aquatique bipolaire comme toute divinité : mi-femme, mi-fée. Dans ce contexte la légende de Mélusine est surprenante par le fait qu'elle subira une métamorphose, mais cette fois en Dragon ailé, lors de sa rupture avec Raimondin qu'elle avait épousé.

L'eau tient une place privilégiée dans les mythes par le mystère de la vie qu'offre la femme. En attendant que s'opère ce mystère, la femme intacte, vierge comme la vérité, est défendue par le Dragon. La femme doit être conquise dans le sens noble du terme. On retrouve ici le combat contre une forteresse et ses douves ou contre une grotte défendue par une bête féroce, un Dragon par exemple : la forteresse est un mystère. En germanique **Schlass** désigne un château ou une forteresse mais aussi une serrure. (41) Toujours en liaison avec le symbolisme de l'eau on peut y ajouter le sens profond du pèlerinage qui représente la marche d'un pôle positif, l'église, vers un pôle négatif, un lieu dédié à la Vierge, tel que Chartres et le Puy en Velay. Le symbole du pèlerinage ou de la procession consiste en une perambulation, c'est à dire une procession involutive qui permet au pèlerin de revenir à ses origines. L'aboutissement du périple ouvre le pèlerin à la vérité.

Toutes les traditions apportent un même sens profond au sacrifice pour l'eau de la vérité, celle qui apporte la Vie. Dans la tradition islamique, au cours des rites liés au Pèlerinage de La Mecque, on retrouve « La Course Septuple » le *Say's,* d'un pôle positif *Safâ*, une pierre, vers un pôle négatif *Marwâ,* la source qui permit à Hagar la mère de sauver son fils Ismaël du péril de la soif du désert.(42)

Le combat contre les éléments est pédagogique. Il a permis à nos anciens d'identifier les maux et le bien dans la nature : trouver les herbes qui soignent et soulagent, les sources quasi miraculeuses, etc. Ainsi plaçaient-ils ces cadeaux de la nature, grâce à leurs observations ou par la tradition, sous la protection d'une divinité propre à chaque bienfait naturel et même à chaque endroit où les « génies des lieux » sont généreux mais aussi dangereux. Sachant que ces divinités étaient souvent représentées par des couples d'une dualité positive : par exemple le couple Grannus et Sirona ou encore Rosemerta pour les gaulois, Apollon et Diane pour les romains : dieux solaires et déesses lunaires. Ces couples divins complémentaires, maîtres de l'équilibre entre le chaud et le froid, l'humide et le sec,

---

(41) Par un romantisme dégénéré la société masculine moderne compare la cour faite à une femme à une conquête d'une citadelle à prendre.
(42) Voir la Genèse. Ismaël, le fils d'Abraham, conçu avec sa servante Hagar, avec l'autorisation de Dieu, sa femme légitime étant stérile un temps.

détenaient le pouvoir de régulariser les saisons, clefs de l'agriculture, par exemple au moment où les jeunes pousses d'un matin précoce de Mai risquaient de périr sous les effets néfastes du Dragon.

Le Dragon n'est pas mis à mort par l'Archange Michel, il est simplement mis en échec par sa lance. En le tuant, l'archange aurait rompu la dualité et l'équilibre du monde. C'est l'histoire qui tua le Dragon. C'était prétendre que le mal était vaincu, alors que nos temps actuels affirment que le Diable n'existe pas.

Aussi ce mois de Mai, que l'on présente aujourd'hui sous son meilleur jour, faisait encore trembler les faibles en constitution et les semailles des agriculteurs, il n'y a pas si longtemps encore. On comprend la fidélité des populations à leurs rites archaïques, même si hier encore elles s'en remettaient aux saints chrétiens comme sainte Radegonde, que l'on vénérait pour la protection des moissons devant le risques d'orages ravageurs.

Le Déesse Mère et la fée Morgane(43)

La femme selon la tradition celtique serait est un être solaire, ayant besoin naturellement d'humidité. Son désir de fécondité elle ne peut le réaliser qu'auprès de l'être lunaire, l'homme. Sommes-nous surpris par cette définition, la Lune étant du genre féminin et le Soleil du genre masculin? En effet notre société de type patriarcale, héritage latino-méditerranéen, a renversé les symboles lunaire et solaire, contrairement aux sociétés traditionnelles germaniques. La langue allemande donne à la Lune le genre féminin : *der Mond* et au Soleil le genre masculin : *die Sonne*.

En fait l'être supérieur serait du genre féminin, incarné par la déesse mère. Elle serait alors la Mère de Dieu et, de son ventre, le Jardin d'Eden, seraient nés Adam et Ève. Leur expulsion du Paradis Terrestre représenterait le « drame de la naissance ». Ainsi les genres d'Adam et Ève seraient inversés également, Adam étant la mère des hommes.

(43) Selon Jean Markale dans « Les Celtes et la Civilisation Celtique chez Pay ot 1992.

La déesse Mère représente la Vieille Femme, à l'origine de tout, les textes de l'exégèse de la Bible cite l'esprit voguant à la surface des flots... Nommée *Di-yanus,* soit la déesse *anus,* ce dernier terme signifiant la nourriture qui a donné Anna, Hanna et Anne et elle serait ainsi la grand-mère du Christ, sa mère étant Marie vierge.(44) Jean Markale souligne qu'il s'agit d'un monde de naissance fabuleuse sans père. À ce propos nous avons déjà fait référence au fils du charpentier de la grande voûte céleste nommé en sanscrit shapati (45) le beau fils de l'architecte de l'univers et cela peut se rapprocher de Jésus, le fils adoptif du charpentier Joseph. Revenons à Anne.

Le Puy en Velay, avant d'être nommé *Podum*, se nommait *Anicium*, c'est à dire la ville d'Anna. Le site religieux de cette ville est un haut lieu du culte de la Vierge Marie, à la manière de Chartres qui fut le centre du celtisme en Gaule, selon les annales romaines mêmes. Le culte breton de Sainte Anne d'Auray, n'est que le culte de la Vieille Dame, la Mère de Dieu.

Bien entendu cette aperçu de la Genèse, selon le druidisme, allait heurter la nouvelle religion chrétienne qui résuma l'épisode de la Déesse Mère en attribuant à la fée Morgane tous ses aspects maléfiques, la plaçant au rang des sorcières plutôt que dans celles des fées. Elle devint l'image de la femme fatale, le *fatum*.

Incarnant la Déesse Mère elle sera en proie permanente de l'assèchement de l'homme qui l'inondera. Ses excès en la matière font l'objet d'innombrables récits, comme la mémorable histoire malheureuse de Lancelot du Lac. Ainsi naquit le mythe de l'inondation si fréquent dans les contes du monde celtique.

---

(44) Jean Markale dans son ouvrage le Christianisme Celtique fait la remarque suivante: En Bretagne, on prétend qu'une femme ne doit jamais uriner devant la Lune, car elle risquerait d'être enceinte *concubitu*.
(45) Le hasard de la linguistique nomme en germanique le préau qui n'est qu'une toiture **Schapp**.

Jean Markale dans Les Celtes et la civilisation celtique chez Payot 199. Écrit:

Le Dieu Lug lui-même a fondé la fête de Saint Luc n'ayant de saint que l'honneur de sa mère nourricière décédée aux calendes. Sans doute elle-même avait-elle demandée à ce que l'on organise une assemblée à cette époque autour de son tambour lumineux en l'honneur de la Terre mère.

Ainsi c'est aussi la fête de la nourriture, récolte de celle que l'on va conserver tout l'hiver présenté sous forme de bouquet au 15 août à la bénédiction du prêtres aux vêpres de l'Assomption.

Les vierges noires

Nous venons d'évoquer les liens entre la fée Morgane et la Déesse Mère de la terre vénérée depuis la nuit des temp. Elle figure sous divers aspects, peut-être le plus souvent sous celui de la déesse Isis représentée parfois par une femme multimamaire, nourricière du monde.(46) Ce mythe nous renvoie dans le monde souterrain des grottes et des cavernes en un mot dans celui du Dragon symbole des quatre éléments. Nous retrouvons ici, le principe de l'intermédiation entre la terre souterraine et le ciel, le Cosmos entre le microcosme et le macrocosme, propre à toutes les traditions archaïques.

Une femme de couleur noire, image commune du monde souterrain et de celui des ténèbres, caractérise toutes les représentations de cette « Mère Universelle » sur tous les continents de la planète. À titre d'exemple on la retrouve aux Indes sous les traits de la déesse Kali, souvent en Éthiopie et en Asie Mineure en héritage des anciennes tribus Galates de

(46) Khintia Apparou et Régor R. Mougeot dans « La wouivre » aux Éditions de la Table d'Émeraude.

Pessinonte enfin aussi en Écosse sous les traits d'Annis la Noire (*Black Annis*), l'ogresse.

Le Christianisme se heurta frontalement au culte de la Déesse noire. Mais devant des croyances séculaires, son culte se perpétua peu à peu à travers celui de la Mère du Christ (Mère de Dieu). Pour reprendre cette image de mère universelle, le Christianisme présenta alors Marie sous l'image d'une femme rassemblant sous la protection de son large manteau toute la population terrestre, ou encore sous les traits d'Isis à titre d'exemple dans l'église de Brennilis en Bretagne. Cette fois-ci la figuration représente une statue de la vierge coiffée d'une longue chevelure tressée se terminant par la queue de serpent de Mélusine. (47)

Devant l'abondant flux des vierges noires en Orient, une crise iconoclaste éclate et sévit du 8ième au 9ième siècle à Byzance. Cette période aurait-elle permise à nombre de vierges noires proches orientales de trouver refuge dans les cathédrales d'une Europe « celtico-chrétienne »? Selon Monsieur Philippe Kaepelin cette dernière situation permet d'émettre l'hypothèse de la venue de l'actuelle statue isiaque du Puy en Velay (48) représentée en couverture du présent ouvrage.

La vierge noire du Puy en Velay

L'arrivée de la Vierge Noire du Puy en Velay a longtemps été attribuée au prophète Jérémie. Il faut rappeler que la tête de l'enfant et celle de la mère sont séparées, ce qui ne facilite pas les recherches sur les origines de ce trésor. L'hypothèse courante au 19ième siècle, considérant cette vierge comme

---

(47) Guy Tarade et Michel Coviaux dans « Les énergies secrètes du Dragon » chez Guy Trédaniel.
(48) Philippe Kaepelin spécialiste en art sacré, dans la Revue n° 22 de 1997 « Le Fil de la Borne à Fay 43 Bains.

étant une Isis par sa ressemblance avec les déesses égyptiennes, semble avoir été abandonnée ou suspendue en faveur d'une hypothèse éthiopienne toujours toutefois et son le culte à Isis selon Philippe Kaepelin.

Or la piste égyptienne revint à la surface, si on ose dire, après la construction du Barrage d'Assouan. Les travaux de construction de cet ouvrage pharaonique ont mis à jour des découvertes archéologiques fabuleuses de nombre de vestiges d'art sacré, parmi lesquels des églises possédant des représentations d'Isis, égyptienne bien entendu(5). Finalement aucune origine déterminée ne peu être fixée. En effet le Nil arrose nombre de sites africains qui recèlent de telles figures, sachant que ce fleuve, d'une longueur continental, se partage en Nil Bleu et en Nil Blanc au Sud de Kartoum et du site archéologique de Soba.

Le comité révolutionnaire de la ville du Puy brûle sur la place publique de la ville, la statue originale le 20 Prairial de l'an II (8 Juin 1784) jour de la Pentecôte avec d'autres statues, reliquaires et objets divers de culte. Elle a été reconstituée selon un dessin établi par Monsieur de Veyrunc, éminent spécialiste en vierges noires entre autre.

Saint Bernard fondateur de l'ordre des Cisterciens a converti les vierges noires du druidisme au Christianisme.(49) En fait ce saint personnage est à l'origine du culte mariale populaire en transposant dans le culte marial du christianisme celui du culte de la Déesse Terre, généreuse envers les hommes. C'est la raison pour laquelle les statuettes des vierges retrouvées dans les racines des aubépines sont noires.

Monsieur Anandâ Coomaraswamy dans son ouvrage « La Doctrine du Sacrifices »(50) plutôt dirigé vers les mythes

---

(49) Selon « Celui du Pays de l'Ours » dans la « Voie du Druide » dans Soleil Natal.
(50) Anândâ Coomaraswamy dans son ouvrage « La Doctrine du Sacrifice » chez Dervy.

extrême-orientaux, hindouistes, boudhistes etc., démontre ou rappelle que ces récits sont universels, liés aux contes ou mythes occidentaux dont le druidisme. Il précise également que le mythe ou le conte prend sa source dans les rites de toutes les traditions, d'où le titre de son ouvrage « La Doctrine du sacrifice » et de rappeler à ce sujet les versets 4.5-6 du Cantique des Cantique de la Bible hébraïque :

« Je suis noire, mais, je suis belle... ne prends pas garde à ton teint noir. »

Cependant la doctrine du sacrifice fait état sous forme de contes de tout horizon, du courage d'un chevalier, ou d'un homme valeureux, allant jusqu'au sacrifice pour sauver des valeurs universelles à la manière du chevalier allant, au péril de sa vie, délivrer la Belle Dame au Bois Dormant ou prisonnière dans un château ou une caverne où il devra affronter un danger, les barrières de défense faites de ronces folles et dangereuses autour des remparts d'une forteresse ou encore affronter un Dragon à l'entrée d'une grotte ou d'une caverne afin de délivrer une belle jeune femme.

Or ce danger pourrait-être comparé à un rite où chacun doit expurger son propre Dragon.(60) C'est la raison pour laquelle toute sortie de pèlerinage se réalise en sortant par la gauche de l'église, celui du Malin. Au pèlerinage des Rogations du mois de la Lune Rousse, Mai, figurait jadis la bannière du Dragon qui devait être vaincu après les trois jours de processions matinales. Ces trois sorties très matinales de matins frais, voire encore glaciales à ces heures d'un Printemps capricieux, à trois reprises, valaient sacrifice...

On retrouvera dans le pèlerinage de la Mecque cette obligation de s'acquitter de sa dette envers Dieu par le voyage, la chaleur et les diverses étapes de pénitence et de sanctification du pèlerin.(51 page suivante)

Entre les contes populaires et les grands mystères il n'y aurait aucune différence toujours selon monsieur Anândâ Coomaraswamy.

Et c'est pour cela que le celtisme a produit des contes et des mythes analogues aux contes hindoues, par exemple « Blanche Neige » à celui de « Indra et Namuci » et celui de « Sir Gauvain et le Chevalier Vert », ou encore le conte germanique du « Chevalier Noir et le Seigneur de Sierck au Château du Mensberg ».(52)

L'exemple du mythe celtique du thème universel de l'épouse hideuse, identifiée à la Déesse Terre et par suite à la souveraineté de celui qui jouit et règne sur la Terre, comme dans le mariage du Sir Gauwain avec une dame repoussante qu'il doit pour cela embrasser s'il veut épouser le royaume de celle-ci et régner. La tradition celtique attribuait la souveraineté à la femme, et l'homme, le roi, régnait. La différence est importante. Le roi de France régnait et épousait la France. Dans notre époque moderne, comme le rappelle la statue de Marianne dans les mairies, celle-ci représente le peuple souverain français en république, son Président,(63) monarque républicain, ne règne que par la volonté du peuple. Pour cela, il doit surmonter une campagne électorale difficile et gagner les suffrages des électeurs, il doit faire la cour à la France et si besoin il doit arracher le pays à l'emprise d'un despote ou d'un ennemi envahisseur... Il y a toujours un héros pour sauver la République encore faut-il qu'il soit un Chevalier sans peur et sans reproche. Si la république est renversée, c'est par le peuple que le nouveau roi ou président tient sa souveraineté. Le peuple

---

(51) Voir à ce sujet: La Spirale et l'Absolu (Pèlerinages médiations miracles et influences spirituelles dans les trois religions monothéistes) par Francis André-Cartigny, collection de l'Aubépines n°3.
(52) « Sagen , Geschichte un Märchen aus Lothringen » Contes, légendes et histoires de Lorraine (Ouvrage collectif) 1941 Sarrelouis.

l'ayant obtenu de Dieu qui la transmet au roi ou au président.

La femme souveraine peut apparaître sous une autre forme que femme repoussante ou hideuse.

Les sirènes et ondines

Nous avions vu dans les premiers chapitres que la composition essentielle des fées était le feu. De ce fait elles restaient à la recherche de l'eau, qu'elles pouvaient acquérir par le mariage avec l'homme. Le cantique des cantiques est significatif à ce sujet, bien qu'il soit interprété différemment pour des raisons religieuses judéo-chrétiennes :

Introduction 1.2-4

«Ma soif, il l'étanchera avec des baisers de sa bouche !
Car tes amours, mon bien aimé sont meilleurs que vins
Oui, l'arôme de tes parfums est exquis
Ton nom est un parfum qui se répand!
Aussi les jeunes filles t'aiment!
Entraîne moi derrière toi: courons !»

Par ailleurs, les sirènes, assimilées à des fées, en épousant un homme, pouvaient acquérir une âme humaine et des pieds à la place de leur queue. Elles sont dans cette condition proches du serpent sans patte, *apad*, à la manière du mythe islamique qui stipule : « *avant d'avoir des membres, l'homme fut serpent* », c'est à dire *apad*, mais avec une queue.(53) L'homme perdit cette excroissance en échange des pieds grâce à la Lumière de Dieu, entendons ce qui est à l'origine de la création, encore en

---

(53) *Apad* du sanscrit, a privatif, *pad*, pieds.

gestation avant le « Fiat », symbolisé par l'Arbre de Vie et de Mort autour duquel s'enroule le Serpent symbole de l'ensemble des manifestations des cycles produits par la « Grande Mère », pour résumer.(54)

On peut résumer ainsi l'origine du conte ou du mythe de Mélusine, pour seul exemple.

(54) Voir la démonstration de cette citation par Abd Ar-Razzâq Yahyâ (Charles André-Gilis) dans son ouvrage « Aperçus sur la Doctrine Akbarienne des Jinns » au chapitre « L'homme fut serpent autrefois » certains passages étant repris de l'étude de René Guénon intitulé « Sheth ».

La Dame du verger Brunissen

Après un aperçu sur les vierges noires, trait d'union entre le monde souterrain et le Ciel, abordons Brunissen, la fée mystérieuse, héroïne du Roman« d'amour courtois » arthurien de Jaufré. (55)

Il s'agit de la Dame du Verger au visage noir ou brun, aux cheveux blonds, mi-fée mi-diablesse, chantée par les troubadours de l'amour courtois. Jaufré au cours de ses expéditions parvient dans un verger clos de murs de marbre, grand refuge d'oiseaux divers. Au centre de ce « petit paradis » se tient une femme près d'une fontaine : Brunissen, tantôt Femme Soleil, tantôt Soleil Noir de l'autre monde. Reine de la Nuit, du monde souterrain, elle tient dans sa main une fleur de lys, symbole d'immortalité.

Le nom Brunissen, étymologiquement lié à la fontaine germanique *der Brunen,* présente une figure brune et pourtant

---

(55) Le Roman de Jaufré est un roman du cycle arthurien en vers, en occitan de 10 956 vers octosyllabiques, écrit à la fin du 12ième siècle.

sa longue et belle chevelure blonde peut surprendre. Elle figure la Femme de la Sagesse de la Terre, habite le Palais de Monbron, nom composé et traduit par *Maen* du gaélique, la pierre noire, suivi de *Bron*, traduit du celte *Brân*, c'est à dire noir comme un corbeau, « *corvina* ». Cet oiseau, naturellement toujours présenté dans ses plumes noires, se révèlent en réalité de couleur blanche, comme le révèle son nom: cor, soit coeur et beau, c'est à dire blanc comme la Lumière.

Toutes ces contradictions apparentes peuvent surprendre à propos de Brunissen. Elles traduisent en réalité sa double polarité. Aussi le recours à la linguistique peut nous éclairer.

Le Jardin, *garden* en anglais, et *Garten,* en allemand, tiennent leurs racines indo-européennes de °*ghorto* signifiant « garde » ou « garder », proche du germanique **Bongert**, (*bongert*) c'est à dire le verger en germanique.

Courtois, de l'amour romantique, est également étymologiquement relié à la racine indo-européenne °*ghorto,* signifie ici se placer sous la garde, ici de la Dame, selon l'expression : « *Dieu vous garde!* ». Dans ce jardin, symbole du « Paradis perdu » à retrouver, la pomme par sa rondeur symbolise le Monde ou un monde. Sa couleur rouge, analogue à celle de la rose, peut être rapprochée des baies des aubépines etc. La chaire blanche du fruit traduit l'union de toutes les couleurs et symbolise la pureté et la Lumière de la connaissance, de la vie, de la résurrection et du sacerdoce druidique.

Un jardin est un endroit clos, lié à la racine indo-germanique °*skleud, qui s*ignifie enclos, écluse, etc.... Les murailles d'un tel jardin, renvoient une chaleur torride, que la Dame Brunissen tempère par sa fontaine à la manière de la Lune.

Brunissen représente la Femme universelle, l'union entre la Terre et le Ciel.

Mélusine

Mélusine, comme le soulignent nombres d'auteurs français, représente une figure nationale française, fruit d'un romantisme exacerbé, inspiré par la mythologie celtique et vulgarisé par Jean d'Arras au 14ième siècle. (56)

À une époque où le paganisme revient comme un retour de flamme, il était de bon ton que les « grandes familles » se réclamassent d'origine divine, de fées par exemple ou d'autres personnages divins païens, afin de consolider leurs origines nobles malgré l'avis de l'Église Romaine, bien entendu. Il ne s'agit pas une phénomène circonscrit à l'espace hexagonal de notre époque moderne, on retrouve Mélusine à Luxembourg.

Jeanne d'Arc entendit des « voix » sous « L'arbre des fées »,

---

(56) Jean d'Arras est un écrivain français de la fin du XIVe siècle, né à Cambrai et mort à Mons, auteur de la première version écrite d'un roman en prose de la légende de la fée Mélusine, fondatrice de la famille des Lusignan.

l'aubépines, au Val de Meuse (57), en amont des dangereux « espaux », ce défilé où vivent des fées (58) de Charlemagne ». (59)

En fait l'histoire de Mélusine tient ses origines de la tradition orale. Les différents retours de l'oeuvre de Jean d'Arras pour son succès le prouvent par l'écho qu'il produisit chez toutes les couches sociales, notamment dans ce grand Quart-Ouest vendéen du vieux continent gaulois, encore imprégné de la tradition celtique.

Mélusine tiendrait son nom de la Déesse Lucina, divinité païenne de la Lumière, invoquée lors des accouchements. En effet Mélusine, Lucina et Lusignan ne font qu'un. Elle est le personnage principal de la légende des origines divines de la famille propriétaire du domaine de Lusignan dans le Poitou. De nombreuses familles nobles justifiaient ainsi leurs pouvoirs et leurs fonctions de par la « grâce divine ».

Lusignan et Luxembourg (60) sont des villes aux racines étymologiques communes, comme bien d'autres encore en Europe, telle que Luzerne: « *lus* » signifie lumière ou Toulouse, la fameuse ville des violettes.(61) Ces différents patronymes offrent dans leurs racines indo-européennes des radicaux

---

(57) Henri Dontenville dans Mythologie Française chez Payot.
(58) Au Duché de Lorraine alors hors de France, dont une part d'expression allemande (Bailliage d'Allemagne).
(59) D'après Eugène Monsieur, un spécialiste du folklore wallon, le lieu-dit « les Épioux » de la légende est identifié aux « Espoux » ou « Espaux » de la chanson, ce défilé où vivent des fées et que les armées de Charlemagne doivent traverser, se situe en forêt de Chiny.
(60) Dans les gorges du Ruisseau de l'Alzette, au cœur de la vieille ville de Luxembourg, dans le *Grund*, le promeneur découvrira une chapelle construite dans une grotte de la falaise. Patronnée par St Quirin, elle est réputée pour avoir été en son temps un lieu d'apparition de la fée Mélusine à Siegfroid de Yutz, le fondateur du Conté de Luxembourg. Le Grand Duc de Luxembourg, prince régnant abandonne en 1990 la formule traditionnelle, attachée à son titre : «Par la grâce de Dieu». Curieusement cette légende reste discrète au Grand-Duché. La raison de ce silence en revient au sentiment national Grand-Ducal, autonome depuis 1867. Yutz étant situé en Moselle (France), toutefois Luxembourgeois (Comté de Luxembourg) de 989 à 1659 (Traité de Pyrénées).
(61) Le verbe « *luussen* » en luxembourgeois signifie à la fois rayonner et jeter un œil. Il est vrai que l'œil capte et émet des rayons....

analogues à ceux des mots comme *leukos,* grec, *lockin* germanique, *Lucetios* le dieu Mars gaulois, etc... et encore dans ang*élus,* l'annonce de la lumière par l'Ange Gabriel à Marie. Mélusine est un personnage androgyne qui symbolise à la fois la Lune et le Soleil, principe même de la *Materia Prima,* la mère originelle. Sa queue de serpent révèle sa double nature mercurielle. Cette nature chez Mélusine est d'ordre spirituel et imaginatif. Méditation et imagination, le Soleil et la Lune sont le double aspect de la lumière.

Il était dit également que Mélusine tant représentée avec une queue de poisson de mer, à l'image d'une sirène, descendrait de la baleine qui aurait « transporté » le prophète Jaunas. Elle est le ventre des mystères, de l'inconscient et de l'âme. Jaunas aurait séjourné dans le ventre de cette baleine trois jours durant dans l'obscurité. On remarquera le sens initiatique de cette description, qui lui aurait permis une renaissance et l'assurance de reprendre enfin sa mission de prophète qu'il refusait, n'étant pas encore prêt.

Regarder la vérité en face peut se révéler fatal. Le résumé de l'histoire de Mélusine nous apprend que son mariage reposait sur une condition essentielle, à savoir que le Comte de Lésignan ne tente jamais de voir sa femme un Samedi.(62) En violant cet interdit il perdra tout. Le Samedi est consacré à Saturne, comme le révèle le nom de cette journée, planète opposée à Mercure. Mélusine est l'initiatrice aux mystères de la lumière!

Enfin toutes les fées apportent aux hommes en difficulté les trésors, l'aide, les bienfaits et même le surcroît. Mais à la

---

(62) Henri Dontenville cite « de ne jamais la voir en sa gésine » (état d'une femme en mal d'enfantement), mais non seulement en vieux provencal *Jacina* qui signifie couche ou litière. Ne serait pas plutôt l'élément naturel, si on ose dire, l'eau de son bain, sa véritable « litière », indispensable à Mélusine afin qu'elle retrouve les Samedi en reprenant sa « forme » aquatique pour se régénérer ?

seule condition : c'est que l'homme ne la regarde plus comme telle une fée qu'elle fut, cette femme fatale. Ce mot est issu de fatum, le destin. La fée doit garder son secret, sa vérité que l'homme ne peut comprendre. Enfin souvenons-nous, le désir des fées et sirènes c'est d'accéder à la condition humaine, corps et âme. Les fées sont en mesure d'apporter le pire et le meilleur. Chez chaque femme il y a des interdits, des périodes où l'on ne peut pas s'en approcher. Elles peuvent nous perdre par le reflet de notre imagination tel un mirage. Elles deviennent alors le miroir dans lequel notre imagination se reflète... et nous perd.

*

Mélusine, fille de la démoniaque Lilith, chante et danse un soir de Lune, à minuit près de la Fontaine de Soif, près de Lusignan, mot d'origine bretonne « Sé » ou « Sey ou Sei »(63) signifiant clôture. Souvent les aubépines formaient des clôtures efficaces grâce à leurs épines, particulièrement en Bretagne, l'attribut celtique *scé* signifiant aubépine devant lesquelles les druides formaient leurs incantations ?

Au cours d'une chasse au sanglier, le comte de Poitiers est mortellement blessé, par la faute, bien involontaire, de son neveu Raimondin, comte de Lusignan. Se sentant coupable de la mort de son oncle, il s'acharne sur le sanglier. Rappelons que cet animal symbolise le sacerdoce druidique. Désemparé, perdu, Raimondin se retrouve près de la Fontaine où danse Mélusine.

La belle fée aide Raimondin à garder son honneur après le malheureux accident de chasse et l'épousera. Mais le jeune comte de Lusignan devra se soumettre et accepter une

---

(63) La Seille, petite rivière à Metz, dans laquelle Saint Clément rejeta le Graully, le Dragon. Ce substantif prend une signification analogue à «*Sîha* ou *Sieg*», de vieil haut allemand. Voir Henri Dontenville dans «Mythologie Française chez Payot.
Par ailleurs, On retrouve la Seilbach, un ruisseau en Sarre proche de 50 km de Metz. Voir Albrecht Greule dans «Deutsche Gewässernamenbuch» chez De Gruyter.

condition à son mariage qu'il promette formellement à Mélusine : de ne jamais percer le mystère de celle-ci et de ne jamais chercher à la voir un Samedi.(64) En échange Mélusine apportera beaucoup de chance et de richesses à Raimondin qui pourra agrandir son domaine et ses dépendances, comme par enchantement.(65) Dix enfants naissent de cette union. Chaque enfant portera une marque propre aux enfants d'essence divine et humaine, nommée également « tares » royales dues aux mariages consanguins des rois et demi-dieux.

Raimondin respecte un temps l'interdit. Mais son entourage s'interroge. Le doute peu à peu s'installe. La discorde d'un couple tient souvent de la jalousie du monde environnant. Encouragé, un Samedi, n'y tenant plus, il succombe à la curiosité. Ce jour-là, Mélusine prend un bain comme à l'habitude. Il est interminable. Par le trou de la serrure de l'immense salle de bain du château, Raimondin observe patiemment. Soudain c'est la stupéfaction ! Il découvre la véritable personnalité de Mélusine mi-femme, mi-poisson. Sa longue queue écaillée bat vivement l'eau de son bain. Mélusine instantanément sait la faute de Raimondin qui ne respecte pas ses engagements.

Ipso-facto, elle recouvre une apparence féerique mi démon, mi-dieu et s'envole avec ses enfants sous la forme d'un

---

(64) Dans le système royal celtique, qui rappelons-le repose essentiellement sur le statut particulier de la femme, le roi pouvait être soumis par la reine à des contraintes nommées « géis », non limité en nombre. Leurs non-respects pouvaient entrainer la chute, voir la mort du roi, sans pour autant celle de la reine, qui ne l'oublions pas, était la seule souveraine. Ainsi le roi ne jouissait que d'un rôle statique, mais combien important et puissant, puisque sa seule présence suffisait à assurer la sécurité du royaume. Lire à ce propos « Le Roi Arthur et la Société Celtique » de Jean Markale aux Éditions Payot. René Guénon compare l'assise d'un roi au centre extrême immobile de la roue en mouvement.
(65) Dans l'antiquité celte, notamment, et non pas dans l'antiquité romaine, la femme tenait une place différente de sa condition passée ou actuelle. La femme était souveraine (elle l'est toujours, même de nos jours). Combien de souverains en exil ? La femme est souveraine, elle donne la vie aux hommes. Elle élève et nourrit les enfants, ces petits qui deviendront princesses, princes ou reines et rois.

Dragon ou d'une wouivre ailée, crachant le feu, symboles des quatre éléments à l'origine des richesses terrestres. Tout s'effondre à jamais pour Raimondin.

En résumé, Mélusine souhaitait ensevelir dans ce mariage sa véritable « nature », si on ose dire « non humaine », son secret, que trahissaient toutefois les infirmités nobles de ses enfants.

Ainsi la colère de la fée Mélusine fut terrible. En s'envolant au dessus du domaine de Lusignan avec ses enfants, elle abandonna le pauvre Raimondin dans la misère en lui enleva tout et en lui restituant sa condition originale.

Percer les mystères entraine la perte de la foi.

Mélusine et le Luxembourg

Dans les gorges du Ruisseau de l'Alzette, au cœur de la vieille ville de Luxembourg, dans le *Grund*, le promeneur découvrira une chapelle construite dans la falaise patronnée par Saint-Quirin. La légende raconte que la fée Mélusine y serait apparue à Siegfroid de Luxembourg le fondateur du Comté de Luxembourg en 989.

La légende dit : *Siegfroid de Yutz (Jäitz)(66) fondateur du Comté de Luxembourg, le Dimanche des Rameaux en l'an de grâce 989, rencontra dans cette grotte du Grund Mélusine et l'épousa.*

Luxembourg, *Lëtzebuerg* en luxembourgeois, réputée pour être la ville des roses, celles-ci sont symboliquement proches de la fleur de lys, fleur de la pureté, de vérité et de la Vierge. Cette belle ville est placée sous le haut patronage de la Vierge Marie consolatrice des affligés.(67)

---

(66) Yutz, *Jäitz*, faubourg de Thionville, *Diddenuewen*, dans le département de la Moselle en France. Terre française depuis le Traité des Pyrénées de 1659, actuellement dans la région Lorraine (Grand-Est).
(67) La place, sous laquelle un superbe parking souterrain fut construit vers les année 1970 sur l'ancien lieu-dit *Rousegäertchen*, c'est-à-dire le jardin des roses face aux bâtiments de l'Arbed - Mittal à Luxembourg.

Le Dragon et le serpent

Le Dragon, monstre imaginaire et infernal, symbolise les quatre éléments, les richesses de la terre. En revanche il représente les épreuves de celui qui ambitionne acquérir ces biens. Souvent présenté dans le mythe et le conte dans lesquels il défend un trésor dans une grotte ou retient prisonnière une belle princesse qu'un vaillant chevalier désire libérer. En faisant preuve de courage et de loyauté il obtiendra le trésor ou le « coeur » de la Belle Dame.

La lame XV du tarot de Marseille illustre cette chimère ailée, crachant le feu, revêtue d'écailles, vivant près de l'eau, d'une grotte, d'une fontaine ou d'une source souterraine. Il capte les vibrations aquatiques et telluriques à la manière du serpent, symbole du savoir et de la sagesse. Ce dernier agile, discret et prudent, grâce à sa forme, épouse toutes celles de la terre et de l'eau.

Le Sphinx égyptien renaît de ses cendres. Il possède les griffes du lion, les ailes de l'aigle, la tête d'un homme et le corps du taureau et présente ainsi une analogie avec le Dragon, les quatre éléments et les quatre signes astrologiques cardinaux : Le Lion, le Scorpion, le Verseau et le Taureau du zodiaque. Ces figures illustrent le Prologue de l'Évangile de saint Jean. Les 14 premières phrases de ce texte évangélique sont considérées inaccessibles au peuple et réservé aux « initiés ». (68)

Le Dragon représente la matière par opposition à l'esprit. Les excès de part et d'autres de ces derniers mènent à la catastrophe. L'ambivalence de cette figure lui attribue le pouvoir protecteur des inondations et le pouvoir de les déclencher.

Souvent représenté sous l'angle exclusif du mal, il fut associé aux forces démoniaques. Saint Clément de Metz l'associa au paganisme et le rejeta dans l'eau de la Seille après l'avoir capturé. Saint Michel s'affronte au Dragon, ne le tue pas, mais l'immobilise, assurant ainsi l'équilibre des forces antagonistes, car « *Le Dragon n'est pas le mal, mais le déséquilibre des forces en sa faveur*». (69)

---

(68) Ce qui justifie la lecture à voix basse de ce prologue évangélique par le prêtre à la fin de la messe tridentine. Ce texte était également lu dans les loges maçonniques.
(69) Cette phrase est de Jean Markale – L'énigme du Mont Saint Michel aux Éditions Pygmalion 1987.

Pour conclure ce chapitre

Les nombreuses migrations nomades venues d'Asie, aux confins de la Chine, des Indes, d'Asie mineure, remontent à la nuit des temps. L'étude étymologique de leurs nombreux dialectes a permis d'établir une lien de parenté évident entre leurs croyances religieuses et leur culture et d'une linguistique commune dite « Indo-européenne ».

Parmi ces nomades les Celtes se répartissent à l'extrême Ouest de l'Europe et pour une partie en Turquie. D'autres migrations d'un monde nordique vinrent à superposer leurs cultures aux précédentes dans une communauté de langages nommés Indo-germaniques. On imagine que l'actuelle frontière linguistique partageant verticalement l'Europe occidentale, de la Mer du Nord à la Mer Adriatique, représente l'aboutissement de cette seconde grande phase migratoire.

Or le langage véhicule la pensée et par conséquent les traditions et la culture ! Ainsi ce que nous nommons « contes de fées » véhiculés indéfiniment de bouches en oreilles durant des millénaires, tiennent leurs origines dans ce que nous nommons le mythe. Celui-ci a traversé les millénaires, subissant de nombreuses variantes sans pour autant trahir le fil, le fond ou le noyau du récit qui trouvaient leurs racines dans le compost des rites et des croyances religieuses orientaux.

Les nouveaux moyens de communication et l'édition moderne nous permettent de découvrir certains aspects de mythes extrême orientaux, hindouistes notamment, par des auteurs que nous avons cité tel que Monsieur Anândâ Coomaraswamy.

Plus proche de nous et de notre époque nous constatons, ne serait-ce qu'entre nos voisins immédiats germaniques, ces variations que nous avons évoqués dans les mythes. À titre d'exemple, le « Petit Poucet » présente une version analogue dans celui de « Jeannot et Margot » et dans celui intitulé « Hans und Gretel » de Grimm.

La clef des interprétations de cette mythologie réside dans la mise en correspondance du récit symbolique avec une vérité métaphysique, ce qui rend pour le non initié, « l'histoire » incohérente. Sa vulgarisation par l'écrit, des fameux albums pour enfants, (70) souvent réduits, apurés ou expurgés, masque souvent l'essentiel et ne facilite pas ou peu une simple activité intellectuelle que demande l'interprétation profonde de la fable.

---

(70) Les Sept Nains, dans le récit de Blanche Neige, habitent la montagne, ce qui justifie leur prédilection pour les gemmes et les métaux, les plaçant en rapport avec les forces planétaires. Les sept forces naturelles peuvent se transformer par analogie en sept péchés capitaux. Dans d'autres contes ils représentent les sept éléments en action.

« *Dans l'histoire de Blanche Neige la méchante reine narcissique, image du moi-je, après s'être grimée en vieille dame (le visage du temps) s'en vient proposer à la jeune fille un peigne empoisonné. « La pauvre Blanche Neige », qui ne se méfiait de rien, laisse faire la vieille dame. Mais à peine celle-ci eut-elle mis le peigne dans les cheveux que le poison fit son effet » et puis « la reine s'en alla ». Par bonheur c'était bientôt l'heure où les Sept Nains rentraient chez eux. Quand ils virent Blanche-Neige couchée par terre comme morte, ils soupçonnèrent aussitôt la marâtre. Ils cherchèrent et trouvèrent le peigne empoisonné. À peine l'avaient-ils retiré que Blanche Neige revenait à elle. Le Sept Nains représentent les forces primordiales retirant les mâchoires du temps. Les cheveux figurent l'onde du flux temporels et le peigne le passage du temps.* Dans Paul–Georges Sansonetti dans Graal et Alchimie chez Berg International. (Suite page suivante)

Cependant, la « belle histoire » contée aux petits pouvait retrouver une certaine dimension féérique au temps où l'oralité restait maître de la communication, grâce au ton, aux mimiques, à la gesticulation du conteur et dans sa manière dont il la prononçait et peut-être encore à une heure propice au mystère : la nuit.

Contes est traduit en allemand par « *Sagen* » du verbe dire et cela résume parfaitement cet aspect essentiellement oral du récit. Entre le conteur et l'assistance pouvait se développer un climat, voir la présence de l'esprit même, contenu dans le corps du récit, à la manière des paroles évangéliques:

« *Si deux ou trois sont réunis en mon nom, je suis là au milieu d'eux* ». (71)

En revanche ce verbe (*sagen*) traduit aussi la voyance, proche du verbe en allemand *sehen* dans le sens de l'action d'imaginer. L'approche du conte stimule donc l'activité intellectuelle profitable aux enfants dès l'âge de raison,(72) à condition que le conteur possède le sens du mythe.

Les vibrations de la parole ne peuvent qu'éveiller l'imaginaire et les capacités primaires de l'intellect enfantin, dans des thèmes, lieux et images auxquels l'auditeur, y compris l'enfant, pouvaient se rapporter: la forêt, les couleurs franches

---

Suite de la note 70. Anândâ Coomarasamy dans son ouvrage « La Doctrine du Sacrifice » compare Blanche Neige aux femmes dragons ou aux sirènes libérées de leur enchantement lors de leurs noces avec le héros solaire (Indra), union parfois symbolisée dans les rites occidentaux par le « Fier Baiser » à l'épouse hideuse, ici sa marâtre. Outre son rapprochement avec les vierges noires, ce conte peut être mis en parallèle avec l'épisode de la « Femme Hideuse » cité dans le même chapitre.
(71) Matthieu 18.20.
(72) Il s'agit de trois phases: 1- l'âge de raison à Sept ans, Sept représentant l'achèvement individuel des Sept éléments en action. 2- Quatorze, l'âge de la Confirmation et des Sept Dons et 3-L'âge de la majorité, 3 fois 7, à présent à Dix Huit soit 3 fois 6... (666)

comme le rouge, couleur du sang et du martyr et de l'esprit transcendant, le noir, la terre et le blanc la lumière, l'ensemble de ces trois couleurs symbolisant la relation entre le ciel et la terre.(73)

Quant au loup, ce méconnu, symbole nocturne démoniaque, mais de lumière froide d'entre « chien et loup », suscitait la peur. Le gnome favorisait le fantastique, comme la sorcière ou la fée le mystère, car nul ne les avaient « encore » rencontré (sauf les fadas).

Ainsi la forêt coutumière pour le père qui s'y rendait travailler, prenait une dimension irréaliste, celui d'un autre monde qu'elle représente en fait. Le chasseur s'il inspirait une sympathie mitigée éprouvée par l'enfant, par la peur de son arme, mais en revanche rassuré dans la mort du loup. Ainsi le conte de fée s'adresse avant tout aux « grands » (?).

L'entrée de l'écrit et de l'image dans les foyers a participé à figer le récit ou à le cristalliser. Les belles images en couleur des albums allaient définitivement se plaquer au texte et solidifier l'imaginaire ou chasser l'esprit, annulant ainsi toute activité intellectuelle et finalement réduire et brouiller la mémorisation.

L'urbanisation croissante, y compris des campagnes, a détaché les individus de la nature. Le sentimentalisme croissant a tué le vrai romantisme et par conséquent les contes tombèrent dans le désuet.(74) L'entrée dans les foyers de nouveaux moyens de communication, radio, télévision et internet, ont balayé la veillée. D'une manière générale les nouvelles générations reprochent aux personnes dites « séniors » de trop parler d'un certain temps passé. Et nos jours actuels, modernes, ce mot signifiant également mode, on éprouvera le besoin constant de

---

(73) Ici, il est incontestable que le culte catholique par son enseignement du sacrifice du Christ dans l'Évangile, avait favorisé une certaine approche du mythe aux enfants.
(74) L'histoire du romantisme.

nouveauté. L'auditeur écourte souvent la conversation en coupant la parole à son interlocuteur, non forcément par désintérêt du sujet mais par manque de concentration nécessaire à saisir la profondeur du sujet. Les nouvelles générations boudent le lecteur à la préférence à l'image animée de nos écrans, et aux sonorités ambiantes.(75)

La fable est devenue fade, l'esprit s'en est envolé comme au moment de toute mort. On voulut imposer la vulgarisation du mythe face aux concepts modernes qui reposent sur la matérialité et le réveil des sens et non pas sur l'éveil de l'esprit.

Avant d'aborder l'héritage de la société druidique et du celtisme en nos temps modernes, nous achèverons les chapitres propres à notre sujet, par une citation de Madame de Staël à propos de l'Allemagne restée plus actuelle dans les contes et les récits mythiques que la France. Dans sa belle description de cet ensemble de peuples allemands qu'était l'Allemagne au début du 19ième siècle et avant la catastrophe du siècle suivant, elle attribue le début de la lente évolution du mythe à la Renaissance et au changement politique du Royaume de France. Elle s'en explique dans son ouvrage ainsi : (76)

« La destruction de l'esprit féodal et de l'ancienne vie de château qui en était la conséquence, a introduit beaucoup de loisirs parmi les nobles, ce loisir a rendu très nécessaire l'amusement de la société, et comme les Français sont passés maîtres dans l'art de causer, ils se sont rendus souverains de l'opinion européenne, plutôt de la mode, qui contrefait si bien l'opinion. »

---

(75) Du latin *modus* changement.
(76) Madame de Staël dans « De l'Allemagne » Tome I GF Flamarion, avec une citation de Goethe: « *De l'Allemagne, fut un puissant instrument qui fit la première brèche dans la muraille d'antiques préjugés entre nous et la France.* »

Entre deux chapitres

Nous avons choisi d'illustrer la nature des fées, ces êtres du monde supra-sensible, par les jinns de la tradition orientale composés exclusivement de feu et d'air alors que seule la Lumière animent les anges. La fée par conséquent recherche constamment l'eau pour apaiser sa sécheresse. C'est la raison de son apparition fréquente sous la forme de sirène, vivant dans les mers ou dans les lacs, ou attirées par les sources dans la fraîcheur des forêts, et bien entendu par l'homme composés de tous éléments cosmiques: terre, air, feu et majoritairement d'eau.

La tradition celtique rapporte les fréquentes rencontres des fées avec l'homme, attirées par l'eau de l'espèce humaine en échange de bienfaits. Nous avons vu quelques exemples de ces récits fabuleux ou mythiques à propos de ces rencontres et parfois de leur union, toujours sous condition, comme dans le récit de Mélusine.

Nous avons abordé le rapport des élément minéraux pierres, rochers et montagnes avec l'eau, à l'origine de nombreux bienfaits. Elle véhicule toutes les énergies tantôt prodigieuses, tantôt néfastes qu'elle capte dans les roches.

Les druides vénéraient l'eau, la pierre et l'arbre. Préférant l'oral à l'écrit, ils sont à l'origine d'innombrables récits que la tradition celtique en Irlande et en Bretagne Armoricaine a su ou pu transcrire pour une part minime mais ô combien riche.

Dans un prochain chapitre nous découvrirons le troisième élément sacré druidique: la forêt. L'arbre symbolise la sagesse et le savoir. La forêt en fut l'inspiratrice, mais aussi le refuge, la paix et le lieu de rencontre entre le Ciel et la Terre : une cathédrale verte.

Nous évoquerons en dernier lieu la situation de l'héritage druidique de ces trois supports de vénération de l'eau, de la pierre et de la forêt.

Chapitre III
L'Héritage celtique

Brève présentation de la société celtique

Nos écrits limiteront l'héritage celtique de nos sociétés contemporaines aux plantes et à la métallurgie. Certes l'histoire est un temps continu, cet héritage s'opéra naturellement après la chute du celtisme voulut par Rome et le Christianisme.

L'étendue du celtisme en Europe se situe majoritairement à l'Europe du Sud, France comprise, latinisée linguistiquement. L'obstacle principal à la colonisation romaine fut le druide, socle du celtisme. Les croyances religieuses druidiques persistèrent bien après le départ des romains à la manière d'une résurgence quasi clandestine avec l'arrivée du Christianisme. La nouvelle religion du se résoudre à consentir des compromis aux populations majoritairement rurales pour leur attachement au paganisme.

L'Église Romaine allait « enrichir » un sanctoral par assimilation de personnages mythiques druidiques pour leur sagesse en matière de vie et de santé. Ce livre fut épuré peu à peu et discrètement particulièrement au siècle dernier pour le caractère peu « catholique » des figurants. Cependant, le dernier carré de ces saints douteux fut maintenu dans notre calendrier jusqu'à nos jours, liés à tant de traditions extra-religieuses, représentant le véritables fond culturel de la France.

L'église toute puissante hérita de la science des plantes et certainement de la magie. Les anglo-saxons à l'abri de l'invasion romaine, peu enclins au christianisme, provoquèrent leur séparation du sud catholique romain pour un christianisme libéré de Rome, ainsi que les pays du Nord, excepté l'Irlande creuset du christianisme celtique. Ce phénomène a largement dépassé la religion et reste visible dans l'Europe de nos jours y compris dans l'union politique européenne où la fracture Nord-Sud est fortement visible en France.

Nous aborderons le domaine de la science des plantes, abandonnée un temps au profit de l'industrie chimique et pharmaceutique, pour revenir en force avec le mouvement mondial écologique. Après ce thème nous poursuivrons avec l'héritage de la métallurgie, devenue industrielle, qui représente peut-être une des grande contradiction dans le mouvement actuel écologique. Préalablement voyons un rapide aperçu du celtisme.

Pourquoi ne pas parler de la civilisation celtique ?

Le mot « civilisation », impossible à traduire en latin, date de la Révolution. Ce terme entre à l'Académie Française en 1835. La « civil-isation » repose sur le progrès matériel, son appellation venant du terme de jurisprudence civil du 13ième siècle, qui signifiait à l'origine « conforme aux usages ». Mirabeau en 1791 :

> *« Ce qui rend les individus plus aptes à vivre en société. Processus historique du progrès – société caractérisée par son degré d'avancement etc... »*

Cette définition représenta l'alibi moral de la colonisation. Plus tard, le terme prit une connotation culturelle.

*

Les tribus celtes en Europe s'étendaient dans une certaine mesure du sud anglais, de l'Irlande et de la Bretagne (Armoricaine) et enfin sur le continent européen même: la France, la Belgique, le Luxembourg, l'Allemagne rhénane avec son glacis dans l'actuelle France, autour de la Frontière Linguistique, le Nord de l'Italie, la Galice espagnole et une partie du Portugal. Ces pays révèlent encore de nos jours des marques et des particularités communes au celtisme, et pour une part du langage, exportées dans le monde occidental.

Contrairement aux empires modernes, les celtes font preuve d'une capacité très rapide d'assimilation des territoires qu'ils envahissent. Ils ne constituent aucune nation cohérente au sens moderne du mot. Seuls des liens linguistiques et religieux les unissaient, chaque tribu conservant ses particularités sans être fédérées entre elles.

Il existe de nombreux ouvrages sur le celtisme.(77) D'origine « indo-européenne », ainsi nommé par les historiens et linguistes, les tribus celtes ne constituaient aucune entité cohérente. Cette appellation linguistique, relativement récente, justifie les liens culturels entre des peuplades réparties sur une grande partie de l'Europe et des régions d'Asie proches. Les celtes situés sur le territoire hexagonal français, étendu jusqu'un Rhin(78), furent des Gaulois, chaque tribu ou clan

---

(77) « Les fêtes celtiques » de Christian Guyonvarc'h et de Françoise Leroux - Éditions Ouest France 1995 et « Les Druides » des mêmes auteurs qui représentent la référence du druidisme - Éditions Ouest France 1986, et bien d'autres auteurs. Voire la bibliographie en annexe.
(78) Le caractère historique « gaulois» de ces pays mosello-rhénans, pourtant celtico-germaniques fut l'alibi à la revendication par la France de ces territoires et l'objet de confrontations armées avec le Saint-Empire Romain Germanique et même ultérieurement.

ayant à sa tête un chef, un roi, issu de la classe guerrière. Tout les unis sur le plan culturel et religieux et tout les sépare sur le plan tribal, source de guerres entres eux.

La classe sacerdotale des Druides rassemble les hommes de sciences : prêtres, juristes, médecins, chirurgiens, poètes, magiciens, éducateurs etc. Le druide dans les réunions politiques prenait la parole avant le roi. Celui-ci le consultait. Cette répartition des pouvoirs avec la prépondérance du Spirituel, constitue le fondement d'une société traditionnelle et non civilisationnelle.

La philosophie druidique reposait sur la pureté de l'esprit, le mensonge représentait le plus grave des « péchés ». Ainsi la méditation, la mémoire et la parole suffisaient. La Loi orale, commune et partagée dans la moralité, constituait la meilleure garantie de la pérennité de la tradition. Ainsi point d'écrit et peu de traces de cette culture jugée barbare, calomniés parfois par les romains, vainqueurs des Gaulois. L'affrontement entre Rome et la Gaule se solda par une gigantesque désinformation. Que peut la parole (pure ?) des druides contre des faux témoignages, écrits de surcroît. L'écrit s'impose, la parole s'échange.

Les enjeux toujours économiques présidaient leurs relations entre tribus celtes, les divisions affaiblissant leurs défenses face à l'entité romaine.

Soulignons l'aspect naturiste de la religion des Indo-Européens et des Pré-indo-Européens, construite sur l'observation des éléments naturels : l'astronomie, le cosmos, le soleil, la terre, l'eau, le temps, l'homme, la nature etc....

La trifonctionnalité représentait la conception de base de cette société, entre sacerdoce, guerre et production que l'on retrouve aux Indes qui subsista dans l'ancien régime jusqu'à la Révolution. Le pouvoir partagé entre le double principe de l'autorité spirituelle et le pouvoir temporel, présida notamment le Saint Empire Germanique encore après cette grande page de l'histoire.

La classe sacerdotale druidique comprenait nombre de subdivisions dont les principaux furent :

Le druide lui-même : philosophie, théologie, justice, science de la nature,

Le barde, chant et poésie, harpiste,

Le vate ou le devin, divination, art augural, sacrifices, auxquels se rapportaient encore le *gutater,* l'homme de la parole, le « file », l'astrologue, la médecine par les plantes, les incantations et la chirurgie. Ainsi résumé.

Globalement ce compartimentage de la fonction sacerdotale « portant robe » répond à l'appellation de « maître » dans nos sociétés occidentales jusqu'à nos jours : prêtres, juges, avocats, médecins, professeurs, notaires. La robe abandonnée peu à peu, subsiste encore dans le domaine de la justice.

Les choses étaient régies par la connaissance, la magie, et les forces physiques, qui ne s'exercent pas seulement à la guerre, et enfin la fécondité, la production etc.

Les mois lunaires commençaient à la nouvelle Lune dite noire.(79) Cette première quinzaine mensuelle, se nommait « *atenoux* » chez les Gaulois. L'année partagée en deux saisons commençait par l'Hiver à la nouvelle Lune de Novembre. L'existence même commençant par le noir dans le sein de la mère. La mort ne représente qu'un passage entre deux existences qu'il faut comprendre métaphysiquement par « être dans la manifestation ».

Ce très bref aperçu complètera les diverses informations déjà citées dans le présent ouvrage.

*

---

(79) Les langues germaniques n'utilisent jamais l'expression « dans 15 jours » mais « dans 14 jours » pour deux semaines, soit la moitié d'un mois lunaire de 28 jours.

Le néo-druidisme (80)

Il apparaît au 17ième siècle, fondé par la franc-maçonnerie anglaise à Londres. Il possède peu de commun avec l'immense savoir druidique qui n'a pu être transmis faute d'écrits et suite aux persécutions qu'il subit. Le celtisme a chuté avec l'arrivée des Romains et du christianisme et ne peut en aucun cas se comparer au néo-druidisme. Le druidisme classique reposait sur la trifonctionnalité, impossible à appliquer dans notre monde moderne.

Le néo druidisme repose sur des textes apocryphes en gallois moderne de 1848, qui par ailleurs sont inaccessibles. La branche bretonne est fondée en 1900. Le sacerdoce druidique authentique ne peut être reçu, la chaîne d'or étant rompue.

La méditation celtique

L'hydromel, la boisson sacrée du druide, provoque l'ivresse nécessaire afin d'atteindre les conditions nécessaires pour se retrouver à mi-chemin entre ce monde des vivants et celui des morts, cet autre-monde mystérieux qui a hanté l'imagination des Celtes, c'est à dire l'état de médium.

L'Hydromel est traduit par *met* en allemand, *mada* en sanscrit et *meddu* en celtique. Le nom se rattache étroitement au terme milieu, *medio* en celtique et médium en latin.(81)

Les boissons alcooliques telles que le vin ont remplacé plus tard l'hydromel ou la cervoise. C'est par le commerce avec les Grecs et les latins puis après la conquête de la Gaule par les romains que ce changement s'est opéré. Ce breuvage que l'on

---

(80) Selon Françoise Roux et Christian Guyonvarc'h dans « La civilisation celtique » chez Ouest France Éditions.
(81) Ceci est également le cas des fous : « *Bienheureux les pauvres d'esprit car ils seront appelés fils de Dieu* ».

prenait notamment à Samain, le nouvel an celtique, était à rapprocher de la Soma, boisson magique réservée aux mages védiques. Soma proche de Samain et de l'Été (sa fin), **Summer** en germanique etc...

Un Ivrogne assèche et recherche par conséquent, l'humidité, l'inondation donc l'eau et la femme.

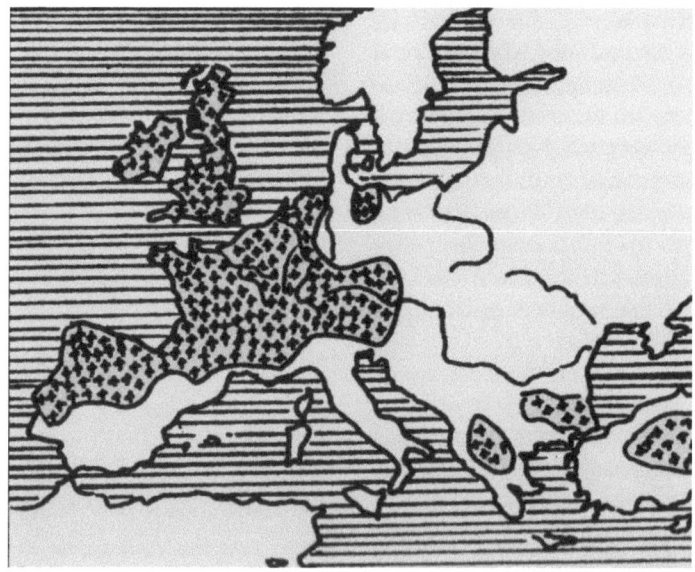

L'Europe celtique

Le Monde de la forêt

Monsieur Gaston Roupnel dans son ouvrage « Histoire de la Campagne Française », (82) écrit :

« *Son histoire est terminée quand commencent nos brèves annales* ». Que dirait-il de nos jours ?

« Forêt » tient son origine du bas latin *forest*, signifiant « relevant de la juridiction impériale » (Charlemagne). Le mot est proche étymologiquement de forum qui signifie tribunal. Il est vrai qu'au Moyen-Âge, le druidisme restait aux portes des cathédrales et que le Christianisme pouvait encore être dénommé en quelque sorte « Christianisme celtique ».

Les peuplades gauloises (celtiques) guerroyées, chassées et finalement massacrées furent les victimes d'un des grands génocides de l'histoire romaine. Encore à l'époque de Saint Bernard, au 12ième siècle, les régions accidentées des vallées

---

(82) Histoire de la Campagne Française, publiée aux Éditions Grasset en 1932.

mosello-rhénanes abritaient une part des derniers druides auxquels les populations des campagnes restèrent attachées pour leur philosophie et leurs croyances. Cet attachement reposait notamment sur les « mille remèdes » de la médecine druidique par les plantes, la phytothérapie. Or, il n'est pas surprenant que Saint Bernard procéda alors à des miracles au cours de ses visites dans ces campagnes profondes du 12ième, siècle afin de sceller la confiance du peuple à la nouvelle religion. Dans ce but il fit l'éloge de la forêt à la manière des druides, alors que l'ordre cistercien fut, avec les armées romaines, les plus voraces éradicateurs des forêts et des marais par assèchement, ces dernières si utiles aux volatiles de toutes catégories, nous dirions aujourd'hui à la biodiversité...

L'Église Romaine naissante nomma les populations campagnardes de « païens », en réponse à l'attachement tardif, aux divinités druidiques et à l'eau des sources et fontaines pour leurs bienfaits sur la santé. Encore dans les années 1950 ces remèdes antiques dits de « bonne fame » par la science moderne tenaient une place importante dans les soins quotidiens. Certes de nos jours cet engouement pour la phytothérapie repose sur le mouvement social du retour à la nature au cours des années 1970, concomitant avec le régionalisme associé dans un premier temps à la vague écologique politisée.

L'attachement de l'homme à la forêt et à la nature représente l'héritage inconscient du druidisme, grâce à l'intérêt que lui témoignaient les générations de l'ère agraire au monde originaire des campagnes. Entendons bien cet amour dans le sens que traduit parfaitement le terme oriental « 'amr » qui désigne l'amour non romantique bien entendu, mais aussi la dépendance du monde rural sinon sa soumission à la forêt et à la nature nourricière. C'est bien connu, les populations parisiennes, et celles de nos grands centres urbains, tiennent leurs racines dans les campagnes.

Revenons à nos *pagus,* à qui on doit la conservation de nos traditions et de nos langages ancestraux au cours des siècles qui précédèrent l'explosion du phénomène urbain. Si *pagus* désigne le païen, le terme traduit en fait le monde paysan à présent.

Les druides et toute la classe sacerdotale, dans laquelle figurent les bardes, les filids et même les forgerons, convertis au christianisme, face aux persécutions romaines ou chrétiennes, réfugiés dans nombres d'abbayes, ont largement participé à la sauvegarde écrite, cette fois-ci en latin, d'une multitude de connaissances médicales par les plantes et les pierres. Toutefois que représentent ces importantes encyclopédies monastiques au regard de la perte de l'immensité des connaissances scientifiques druidiques dans l'entreprise d'extermination du druidisme ?

Ce dernier rejetait l'écriture pour sa permanence. Les abbayes de l'Église romaine, héritières de la Rome politique, furent les premières à exploiter de façon méthodique, quasi industrielle si on ose dire, la connaissance des druides selon les moyens de l'époque dans l'objectif de faire commerce des produits de la nature. En revanche les *pagus,* malgré l'interdit clérical, surent faire véhiculer jusqu'à nos nos jours, grâce au mythe, les vérités universelles que la nature, c'est à dire la science des arbres, nous révèle, si nous savons observer les variations saisonnières.

La forêt représente cette cathédrale médiévale, centre de rencontres et d'échanges au côté du culte, mais aussi sanctuaire du savoir mythique. Jadis par son étendue, elle se traversait comme une mer, on pouvait s'y noyer, c'est à dire s'y égarer. Plus que la peur des animaux féroces, ce sont les esprits que l'on craignait. Et cette peur alimentait l'imagination à la source des nombreux récits mythiques ou fabuleux.

La forêt représente l'aspect sombre de l'espace, la nuit de tous les mystères au regard des campagnes, à découvert, parfois dangereuse certains soirs d'ouverture du ciel.

Sous l'influence de la fable du Petit Chaperon Rouge restée dans notre mémoire, voir dans notre conscience, ressentons-nous encore cette pointe d'angoisse à l'orée d'un bois ou d'une forêt ou tout simplement dans l'escalier menant dans les « ténèbres » d'une grotte ? Cette peur ancestrale n'est-elle pas à mettre sur le compte du drame de notre immersion dans la vie à la naissance, qui remonte du fond de notre conscience ? L'approche de la forêt provoque chez l'homme une interrogation sur son Devenir. Le promeneur abandonne alors la lumière pour les profondeurs d'une mer d'arbres. Le mystère de la forêt est analogue à celui de la nuit et l'homme pourrait encore craindre l'animal fantasmagorique surpris dans sa tanière. Il y a encore peu de temps le loup des bois hantait encore nos esprits.

Disparu, englouti dans le silence des hautes futaies, le promeneur entend battre son cœur. Il sait que « Mille » yeux l'observent. Les bûcherons autrichiens taillent encore, lors de la saison des coupes de bois, le masque d'un esprit de la forêt qu'ils clouent sur le bois de leurs maisons ou de leurs chalets, comme pour divertir l'ange de la mort au survol des villages la nuit. Forte est cette nuit où la faune vit comme dans les contes germaniques de la Forêt Viennoise !

C'est au cœur de celle-ci, près de l'eau que la fée Morgane surprend Arthur ou que Mélusine surprend le comte Raimondin de Lusignan. La forêt est le sommeil, la nuit réparatrice et inspiratrice de l'homme. Elle n'est pas seulement la fameuse cathédrale verte, mais elle est aussi le lieu de la restauration de l'homme et de la terre. Elle est le lieu de la transcendance divine. Les piliers « fleuris » de nos cathédrales gothiques du Moyen-âge rappellent les arbres d'une forêt. L'aspérule en fleur à sa lisière nous invite au mois de Mai à pénétrer dans son cœur, à cueillir le muguet au début de la lumière de l'Eté, quand le temps de Noël commence à dévorer l'espace de la Saint Jean et que le monde se défait pour se refaire à Noël ou au cours des Douze Nuits Saintes suivantes.

C'est dans l'obscurité que les mystères se préparent. Les branches des arbres sont des mains dans lesquelles « l'homme remet son esprit ». Aussi, quand l'homme s'y aventure, il y pénètre en silence sans commettre d'excès comportementaux ou vestimentaires qui chassent l'esprit et effraient la faune qui l'observe secrètement. Il doit savoir comme l'écrivait Gaston Roupnel (83):

> « *La forêt n'était pas seulement l'indispensable ressource et le complément de la vie rurale, elle était dans la composition de la campagne l'élément de liaison et d'entente.* » et de poursuivre, « *C'est dans son sens antique, empli des rappels et des souvenirs de la vie indocile que venaient se réfugier la secrète rumeur et l'activité échappées des contraintes sociales* ».

La forêt accueillait nombre d'animaux d'élevage sous la forme d'un parcage aux bonnes saisons et principalement le porc, la viande habituelle des paysans. Contrairement aux idées reçues, les bêtes domestiques à cornes, mêmes s'ils faisaient aux beaux jours un séjour en forêt, servaient essentiellement aux travaux agricoles. Le parcage garantissaient nourritures saines et riches mais aussi la fraîcheur au moment des grandes chaleurs annuelles.

L'ennemi de l'arbre serait-ce la hache ?

Sa racine racine indo-européenne *ascia* (84) se rapproche étymologiquement de l'acacia et de l'axe, elle est l'outil du forestier ou du bûcheron et tranche des deux côtés. Comme

---

(83) Gaston Roupnel dans Histoire de la Campagne Française chez Éditions Bernard Grasset 1932.
(84) *Aksha* en sanscrit signifie pénétrer, atteindre passer à travers, comme l'axe.

dans toutes choses, se proposent deux faces ou deux pôles. On risque de se blesser et de se tuer par manque d'expérience de son maniement, comprenons en l'absence de toute initiation à recevoir la connaissance... de l 'arbre.

La hache coupe l'arbre de la science, de la connaissance et de la vérité. Elle peut abattre une forêt entière comme ce fut le cas de la forêt de Brocéliande.

La hache c'est l'arme des prêtres, des druides, des hommes de sciences et de la vérité, l'arme des cinq sens spirituels des cinq arbres: la pensée, les sentiments, la réflexion, l'intellect et le raisonnement.

Enfin :

« La bûche en brûlant restitue la lumière et la chaleur qu'elle a reçu du soleil pendant toute son existence. Lorsque nous conservons la bûche, le tison à la maison entre deux solstices, période déclinante la lumière, nous nous faisons le gardien de la lumière solaire. »

Le chêne et sa relation avec le porc

Le chêne, le roi de la forêt, a contribué à la construction d'innombrables cathédrales et châteaux depuis le Moyen-Âge. Il symbolise le savoir et la force et se présente au sommet de la hiérarchie végétale. Il figure parmi celui sur lequel descend le plus fréquemment la foudre. Son fruit, le gland, est remarquable pour ses apports d'éléments favorisant la mémoire et l'intellect. Il représentait jadis un des aliments les plus courants des campagnes, encore jusqu'au 19ième siècle. Les porcs souvent parqués en forêt se nourrissaient à cette occasion des fruits tombés des chênes. Rappelons à ce propos que le sanglier, le porc sauvage, symbolisait la fonction druidique.

Nommé en grec *arktos*, en gaulois *arthos*, proche de la racine indo-européenne *art* désignant l'ours,(84) fut souvent

---

(84) Le fleuve Loire est assimilé à l'Ours et arrose la ville de Blois nommée Blez en celtique signifiant la ville de l'Ours.

comparé au sanglier, voir au lion.(85) Cet animal sacré peuplait les bois, eux-mêmes endroits sacrés, d'où l'appellation du massif boisé des Ardennes : « *Artémis, Arthur, Ardia* », Diane étant de la même famille étymologique.

L'indo-européen **sü* désigne le porc sauvage (sanglier) ainsi que le porc domestique avec le sens de fécondateur et géniteur. L'ambivalence de **sü* désigne un état semblable à ce qui existait encore chez les Gaulois où l'élevage libre des animaux interdisait une distinction radicale entre « sauvage » et « domestique ».(86)

La tradition voulait que l'on tue le premier cochon de l'année à la Toussaint, le 1er Novembre, qui coïncide avec l'archaïque fête celtique de Samain. Survivance païenne du sacrifice de l'animal de la science et de la guerre : le porc et le sanglier (le lion) ?

La prononciation Samain ou *Samhain,* étant phonétiquement *chouaïn,* comme le porc en germanique, serait à l'origine de chou, le légume met principal depuis le néolithique à l'honneur en ce jour de fête celtique. À Samain, en Irlande, à l'époque moderne, on confectionnait des galettes de pommes de terre nommée *Sowan*, mot proche de *Schwäin*, soit *Sowin* en vieux celtique.(87)

Et dans toutes les campagnes, le fait de tuer le cochon est un acte remarquable, qui mettait en communauté la famille et

---

(85) Nous avons souvent établi un rapprochement entre certains mots d'origine celtique avec la langue luxembourgeoise, riche de traditions gauloises par ses nombreuses et magnifiques étendues forestières. L'ours dans cette langue est désigné par le substantif *de Bier*, proche du terme *de Béier* pour le porc mâle, le verrat. Quant au Lion, *de Léif*, il est à la fois proche de la ville de Blois, (*Blez*) et de Saint Blaise, (notons le radical *lai de Léif*, souvent représenté en compagnie d'animaux sauvages tels que l'Ours.

(86) *Schwäin* en germanique représente la traduction phonétique de cochon et de sanglier. Le mot viendrait peut-être de la divinité hindoue *Vishnou*, de *Shiva* auxquelles le sanglier leur était attaché.

(87) Voir « Les Quatre Fêtes d'ouverture de Saison de l'Irlande ancienne » de Véronique Guibert.

le village, accompagné d'échange de cadeaux rituels, d'invitations et de ripailles.(88)

La vraie richesse propre et comptable du paysan celte fut le bétail, les terres étant restées très longtemps communes. L'unité de compte de cette époque celtique ou pré-celtique est désignée en anglais par *fee*, qui signifie commission. Notons la parenté de ce mot avec le germanique *Véi,* animal, en vieux germanique **fehu*.(89)

---

(88) Jean Markale - les Druides page 192.
(89) En germanique le *v* se prononce f.
Notons que les Chambres d'Agriculture pour imposer les éleveurs et calculer leurs cotisations sociales, se basent non pas sur la superficie de terres mais sur le cheptel.

Quelques arbres

Les Gaulois craignaient que le ciel leur tomba sur la tête. Nous sourions... En effet, la voûte céleste reste symbolisée par une vaste charpente identique à celle d'un dôme, avec en son centre une ouverture permettant l'entrée du rayon céleste, construite par le charpentier sous l'œil de l'architecte de l'Univers.(90)

Les arbres font l'objet de nombreuses traditions impossibles par leurs nombres d'énumérer ici. Nous en citerons les plus proches du druidisme. L'If et le coudrier voir le sorbier et le bouleau faisaient l'objet d'une vénération particulière devant lesquels les druides formulaient leurs incantations.

---

(90) Selon la tradition hindoue, le fils du charpentier, en sanscrit *shapati* désigne en fait son fils adoptif. Le rapprochement avec Joseph le charpentier, père nourricier de Jésus est évident. Notons que cette dénomination est proche du mot germanique *Schapp* qui signifie préau.(Déjà cité.)

Le noisetier et le coudrier

Il s'agit d'arbres bien celtiques pour leurs propriétés, telles que leur sensibilité au magnétisme aquatique ou tellurique. Nous connaissons les pouvoirs du sourcier, mot proche de sorcier, à la recherche de l'eau à l'aide d'une branche de noisetier. C'est avec le bois de cet arbre que le druide-dagda(91) confectionnait sa massue.(92) Celle-ci, fragment et symbole de l'arbre sacré, tue par un bout en ce monde et ressuscite par l'autre bout dans l'autre monde.(93) Nos contes modernes représentent très fréquemment une fée tenant une baguette magique entre leurs doigts délicates pour accomplir de merveilleux miracles.

Massue présente une analogie avec l'arbre de la vie et celui de la mort du paradis terrestre. Elle offre le double pouvoir de destruction pour la vie après sa mise en relation avec les deux phases de l'*expir* et de l'*inspir* de la manifestation universelle(94) proche du mouvement systole du coeur.

Le domaine du bois quelque soit ses aspects techniques ou autres encore comme la forêt même ne quitte jamais le savoir sacerdotale et le sens du sacré. Il en résulte que la forêt est le temple qui selon les Celtes offre des notions équivalentes synonymes ou interchangeables.

Ainsi la forêt est un lieu d'enseignement pour les druides, un lien entre la forêt et le sacré. Elle est le refuge s'agissant d'un

---

(91) Dieu très bon et très divin, dieu des druides, maître des éléments de la science (savoir sacerdotal) etc., selon Christian Guyonvarc'h et Françoise Roux dans « Les Druides » aux éditions Ouest-France.
(92) La baguette (magique), vient du latin *baculus* qui signifie le bâton des augures et le sceptre. Son contraire *imbaculus* signifie (im privatif) faible sans bâton. Dictionnaire historique Le Robert.
(93) Voir Anandâ Coomaraswamy dans l'arbre inversé symbolisme de l'arbre du monde. Cité par René Guénon dans le Symbolisme de la Science Sacrée.
(94) Voir selon Christian Guyonvarc'h et Françoise Roux « Les Druides » aux Éditions Ouest-France.

sanctuaire. Plus tard, nombre de sanctuaires religieux en pierre y trouvèrent leur place ainsi que de nombreux châteaux.

L'acacia

Sa racine indo-européenne *ascia*, en italien *acca*, est proche du germanique **Aax**, la hache. La couronne du Christ composée d'acacia, un végétal dont on connaît l'importante emblématique, symbolise la survivance ou la résurrection. Ce végétal entrait par ailleurs dans la composition d'aromates nécessaires à l'embaumement des corps.(94) On notera aussi le nombre huit, **aacht** en germanique, désignant les huit côtés de l'octogone, symbole de la quadrature du cercle et de la montée dans les sphères célestes.

Le frêne

Cet arbre peut atteindre une hauteur de 60 mètres, supérieure à celle d'un chêne. Consacré à Poséidon, soit *Potidon* en grec, proche de *Potizo,* signifie la montagne boisée ou encore « celui qui donne à boire à la montagne boisée »(98), parce qu'il attire ou appelle la foudre. Il préside sources et torrents.

Les chinois considèrent le frêne comme ayant le pouvoir d'émettre un signal avant-coureur des séismes, par la montée rapide et subite de sa sève à la vitesse d'un galop de cheval.

Le genêt

L'arbre de la royauté.

---

(95) Voir la Mystique Ouvrière par Luc de Goustine - Éditions Dervy-Livre.
(96) Jacques Brosse dans « La Mythologie de l'arbre » chez Payot.

Le Saule

Il est connu dans les campagnes pour la fabrication de la vannerie. Il s'agit d'un arbre important dans le druidisme. Il ne pousse certes pas en forêt, préférant les vallons humides. Il croît également au bord de l'eau.

C'est la cinquième lettre de l'alphabet celtique. Il signifie l'homme réalisé. Représenté parfois par un soleil, il est considéré comme étant l'arbre de la connaissance (avec le chêne). *Widu* en celtique nomme généralement l'arbre pour la connaissance qu'il apporte. On retiendra la dénomination germanique **Weiden** pour l'osier ou le saule.

Le pommier

La pomme symbolise le fruit des moralités, de la science et de la sagesse. Nombre de légendes celtiques évoquent ce fruit comme étant celui de l'autre monde, indépendamment de l'épisode de la Genèse au Paradis Terrestre. Bien au contraire la pomme représente un des moyens d'entrer ou de rester en contact avec l'autre monde. La pomme est un symbole universel dont nous parlerons.

Excursus. Une Contine bien connue

Un, Deux, Trois,
Je m'en vais au bois

Le bois, la forêt, symbolise le plus profond de nous-mêmes. C'est là, loin des bruits de la vie, que nous entendons couler au fond de notre cœur la petite source de vérité. Les arbres symbolisent le savoir, lui-même symbolisé par ses fruits, ses sommités. La forêt c'est la résidence de toutes les possibilités.

Quatre, Cinq, Six,
Cueillir des cerises

Dans les bois poussent les merisiers ou les cerisiers sauvages. Leurs fruits sont de couleurs noire, jaune ou rouge. Dans le bois, la lumière disparait, mais elle est là prête à éclater au détour d'une clairière. Le nom de merisier rappelle le verbe mourir. La vie ou le retour à la vie se prépare dans le noir, par cette étincelle ou ce rayon de vérité symbolisé par les petites fleurs de muguet aux clochettes minuscules, pareilles à celles des aubépines, qui fleurissent le même jour du Premier mai, fête de Beltaine, la fête de l'Été!

La vie progresse et la lumière blanche jaunie comme l'or du soleil. À maturité, la nature rougie. Rouge est la couleur de la spiritualité, de la connaissance et de l'esprit, de l'automne et de la fin de la journée. C'est la couleur du sang, du sacrifice et du sang versé avant la mort.

La cerise est un fruit à noyau qui symbolise l'âme cachée en nous au creux de la chair. Quand le fruit est mûr il tombe à terre et meurt dans le noir. Ainsi le fruit, notre corps « disparait », mais le noyau dur, notre âme subsiste et résiste en attendant de germer et de renaitre.

Sept, Huit, Neuf,
Avec un panier neuf

Pourquoi cueillir des cerises dans un panier neuf ? Et pourquoi pas dans un panier usagé ? Le panier, nouveau contenant du corps fera un corps nouveau : neuf. Les paniers sont tressés avec l'osier, l'arbuste qui pousse au bord de l'eau productrice de la vie. Mais ce corps n'est pas forcément de ce monde.

Dix, Onze, Douze,
Elles seront toutes rouges.

Douze symbolise l'univers entier et sa révolution, le cycle accompli. Le rouge est le dernier état avant le noir, symbole du passage à la lumière.

Qui a encore peur de la forêt de nos jours ?

Réapprenons la peur de la forêt et du loup, symbole de notre conscience, de notre propre image et du monde d'où nous venons et où nous devrons retourner.(97)

En rendant la forêt à elle-même et en la re-sanctifiant, elle retrouvera son rôle utile pour la société et le monde. Ces derniers soignent l'arbre et non plus la forêt à la manière de la médecine moderne occidentale, soignant le mal d'un organe et non plus le corps et l'esprit de l'homme. Les bûcherons traditionnels, les authentiques « docteurs » de la forêt ont disparu avec la sagesse du monde rural.

Tout paysan fut également chasseur, même s'il braconnait. La chasse de nos jours répond à une « passion »

---

(97) Selon les commentaires sur l'Évangile par Saint-Bernard, Saint-Erasme surnommé parfois l'Ours (ours étant proche du loup) a vaincu le bête, tantôt le lion, tantôt le loup. Erasme dans son l'Éloge de la Folie fait référence aux troubles psychiques liés à la « loup-garoumanie ». De même fait-il référence dans son oeuvre de « *Fenrir fils* de *Loki* et de *Hel,* la gardienne des enfers ». Le Loup est ce Gardien du Seuil vaincu par le Christianisme comme Saint Michel a vaincu le Dragon ?

ancestrale et l'apanage d'une certaine classe sociale pour son seul plaisir, même si elle souligne sa vocation d'écologiste bien réelle toutefois. La ruralité à présent absente dans l'action de cette activité, doit se résoudre à vivre sous les déchaînements tapageurs férocement criardes, sortis de la conscience humaine quand l'homme fut chasseur et guerrier.

Si la chasse est grandement encadrée par une législation sévère, pour des raisons évidentes de sécurité, de même la forêt reste placée sous le contrôle de l'Office des Forêts de l'état et à juste titre. Cependant la nationalisation de ce secteur d'activité se comprend dans un monde ayant perdu le sens de la nature. On peut néanmoins regretter l'exploitation industrielle de la forêt selon des moyens d'une mécanisation aveugle qu'exige la rentabilité. Il s'agit d'une des nombreuses contradictions de notre monde moderne face aux exigences d'une industrie nécessaire à son économie et devant l'évidence des réalités écologiques.(98) Nous vivons pleinement les conséquences d'une antinomie perdue pour la dualité des effets du temps compressif dévorant l'espace expansif.

L'homme contemporain croit aimer la nature parce qu'il s'y rend pour se « ressourcer » soit disant. Certes elle participe à la santé, faut-il encore communier avec elle dans un sens eucharistique du terme. Se rendre dans ces endroits est agréable et certainement sain. Comment un « vététiste » ou un « joggeur », au cours de ses efforts physiques, pourrait-il communier avec la nature hors de toute concentration indispensable à la méditation. En effet il n'a pas visité la forêt pour ces raisons et cela sans compter les effets de perturbation sur la faune.

Qui peut révéler, au sortir de la forêt, avoir rencontré une

---

(98) Nous sommes en présence des conséquences d'un univers ou le temps compressif dévore l'espace expansif. Voir René Guénon dans « Le Règne de la Quantité et les Signes des Temps au chapitre XXI.

fée ou le loup? Nous rions et nous imaginons la mine de nos sportifs à l'écoute d'une telle interrogation. Notre imagination moderne est en mesure d'abreuver des tonnes de pages d'histoires dénuées de tout « véritable romantisme », d'intrigues légères, politiques ou d'autres sordides affaires. Ces excès dans le divertissement promeuvent la quantité au détriment de la spiritualité ou du mystère, sa qualité.(99)

> *« La forêt étant enfin désenchantée, on pouvait désormais l'exploiter selon les nouvelles techniques, souvent destructrices du milieu, des routes la sillonnent, des laies pénètrent jusqu'au plus profond des taillis. La forêt fut violée. ».* (100)

Cependant, l'être humain, même moderne, athée ou agnostique, rêve malgré lui dans l'incohérence même du mythe.

> *« On sait que ceux qui ne rêvent pas, meurent. La Belle au Bois Dormant, elle rêve. Le rêve la régénère. Le rêve comme chacun sait, n'est pas la raison. Et si le rêve est la raison, il est une raison folle: lunatique. Puisqu'on dort mieux par temps de Lune claire. (René Heni et Louis Schittly).* (101)

Excursus. La Bûche de Noël

La Bûche au beurre « achève » le réveillon de Noël et remplace symboliquement la vieille bûche coupée à la Saint Jean, séchée et remisée dans l'attente du Solstice de Noël. Jadis elle protégeait la maison de la foudre du Ciel.(102) En cette circonstance on l'enflammait si un orage violent grondait. Ses

---

(100) Jacques Brosse dans Mythologie des arbres chez Payot 2001.
(101) René Heni et Louis Schittly dans la Raison Lunatique chez les Presses d'Aujourd'hui. 1978.
(102) En germanique, l'orthographe du mot fête (*Feier*) est proche de celle du feu (*dat Feier*). Ce n'est pas un hasard, étymologiquement ils sont liés.

flammes dévoraient alors les esprits du mal dans la cheminée et chassait le danger.

Sans le feu du bois, la fête n'aurait pas la chaleur qu'elle apporte à une assemblée festive.

Jadis la plantation de « L'arbre de la Liberté » ou du « Tilleul Germanique » présidée par une personnalité officielle en présence des enfants des écoles représentait un rite touchant. Devenu l'icône d'un combat quasi religieux pour la sauvegarde de la nature, l'abattage d'un arbre provoque colères et mobilisations. Paradoxes de notre civilisation, nos forêts jadis sanctuaires, l'arbre est devenu un produit de consommation. On le choisit pour son esthétique afin d'agrémenter nos jardins ou encore il entre dans la maison à Noël.(103) La langue provençale désigne en effet la forêt par « *forestiero* » signifiant« en dehors de la ville ».

---

(103) Le monde moderne sépare en quelque sorte à sa manière le bon grain de l'ivraie. Celle-ci représente ses paradoxes. La forêt par exemple ou un parc naturel est sanctifiée. En revanche les décharges de nos productions imputrescibles sont reléguées dans les campagnes désertiques. Nos voitures particulières sont devenues propres alors que la production alimentaire industrielle est acheminée par un flux océanique de camions de plus en plus important sillonnant notre réseau autoroutier par grande pollution. Seul les véhicules thermiques à quatre roues ne pollueraient-ils?

La Rhénanie et l'héritage druidique des plantes et de la forêt (104)

Le pape Pie XII canonise le 16 Décembre 1941 Albert Magnus, dominicain et saint protecteur des botanistes et des scientifiques de la nature. Né en 1193 à Lamingen en Souabe (Allemagne), ce monial étudie à Padoue avant de recevoir l'onction épiscopale et sa nomination à Regensburg. Il décède en 1280 et repose depuis dans la crypte de la cathédrale de Cologne.

La règle de l'ordre dominicain fait (faisait) obligation à ses frères de se déplacer uniquement à pied et bien entendu à travers toute l'Europe chrétienne. Rien de tel pour apprécier la nature que sa découverte à une allure modérée, malgré les hivers rigoureux. Aussi ce futur évêque « tombe amoureux » des arbres et des plantes. Pourquoi cette tardive canonisation?

En 1941, à l'heure des conflits de la Seconde Guerre mondiale, désastreuse pour l'humanité et la nature, le souverain pontife tient à accompagner son exhortation des

---

(104) Selon Barbara Tomasczwski dans Flora Colonia de Cologne 1997.

mérites d'Albert Magnus, reconnu grand savant de la nature à l'époque médiévale, tout particulièrement dans la science des arbres et des plantes.

En ces temps l'immense forêt gauloise s'étend jusqu'aux portes de la cathédrale de Cologne, la ville elle même étant peuplée d'arbres forestiers comme le tilleul l'arbre de la germanité, l'hêtre, le pommier, le cerisier sauvage et le noyer, tous si chers aux druides.

L'Allemagne sut sauvegarder grandement la science des arbres et des plantes si ce n'est par une certaine vénération des arbres mêmes. Les villes représentent alors la clairière au centre de la forêt. L'Allemagne plus éloignée de la romanité préserve ses sentiments écologistes, ce qui fait dire à Saint Bernard de Clervaux, fondateur de l'ordre cistercien (1090-1153).

« La forêt nous enseigne plus que les livres, les arbres et les rochers nous enseignant des choses qu'aucun maître ne nous dira. »

En effet Saint-Bernard mandaté par le pape « sermonne » la vaste région rhénane pour son attachement aux coutumes païennes druidiques : culte des eaux, des arbres et des pierres. Et à ce propos, ce saint homme, cistercien de son état, rappelle plutôt l'éradicateur et le défricheur de la forêt afin de réaliser son immense réseaux d'abbayes en Europe.

L'Église Romaine en cette période du Moyen-âge reste très proche d'un monde rescapé par l'entreprise d'éradication druidique initiée par la Rome antique. En revanche elle hérite une grande part de la science des druides réfugiés dans les monastères.

La Rhénanie entretint certainement cette grande tradition des recherches en botanique, notamment chez les Chartreux qui souvent succède aux Cisterciens. Les chartreuses s'installaient en ces temps au coeurs des forêts, contrairement aux Cisterciens plutôt défricheurs.

Les Chartreux rhénans plutôt conservateurs

Plus tard on relève chez les Chartreux des botanistes reconnus au début du 16ième siècle Otto Brunfels, né à Mayence, chartreux à Strasbourg, converti plus tard au protestantisme, pratique la médecine par les plantes. Il prend l'initiative de rassembler ses connaissances acquises sur la rive gauche du Rhin et dans la zone rhénane alsacienne, en un catalogue encyclopédique où les différentes catégories de plantes sont classées selon leur genre masculin et féminin. Il est à l'origine de commentaires scientifiques intitulés « Forces et asthénie ».

A la lecture d'un ouvrage à propos de recettes culinaires par le prieur Johannes Reckschenkel, on relève la composition des jardins et potagers chartreux: choux, betteraves rouges, épinards, oignons, poireaux, radis etc., et maïs, tomates, haricots nains et à rames. Beaucoup de pommes de terre sont cultivées une fois importées des Amériques. Le prieur envoie des rapports à Philippe II d'Espagne et au pape Pie IV pour leur faire connaître ces légumes avec les meilleures façons de les cuisiner. Son livre de recettes s'adresse aux fins gourmets. Ainsi ses travaux sont orientés dans une perspective économique favorable au végétarisme de communautés religieuses, auxquelles il adresse des notes pratiques pour réussir une longue conservation des récoltes durant l'hiver. Il y joint de nombreux remèdes contre les douleurs dentaires, les cailloux rénaux et les coliques.

La pomme

Elle symbolise la vie et la connaissance du monde sensible, mais aussi la tentation.

Les Fraises des bois

Elles sont découvertes dans les clairières. Elles symbolisent la tentation et la concupiscence mais aussi le savoir et l'innocence. Elles peuvent être servies en légumes propres aux âmes bienheureuses et enfantines. La légende rapporte qu'une femme ayant perdu son enfant ne doit pas cueillir de fraises des bois à la Saint Jean, car la Vierge Marie conduit les petits enfants morts au paradis en chercher pour leur repas. Ce conte proche de l'antique récit druidique des fées errantes dans les landes la nuit des fêtes cardinales ou des solstices rappelle le danger à se promener alors en forêt.

L'iris et le lys (*Iris germanica*).

Réputé, au Moyen-Âge, pour combattre la peste, l'Iris blanc ou le Lys en général permet de garder la tête froide. Fleur mariale au moyen-âge, elles fleurissaient au Mont Carmel en Galilée. Le bleu de l'Iris rappelle le bleu du ciel, symbole de pureté, de sainteté et de résurrection promise et aussi la descendance royale. Elle protège(ait) encore la chasteté.

Hildegarde von Bingen et Brunfels rapportent que l'Iris Germanica soigne les morsures de serpent, ainsi que les contrissures et les ecchymoses et encore les maladies de la peau, la lèpre et le fonctionnement des reins. Selon Otto Brunfels les racines de l'iris Bleue seraient comestibles.

La Bourrache – Boraga officinalis

Ses fleurs bleu-ciel garantissent un miel délicieux. D'origine méditerranéenne elles craignent le gel. Mélangées au vinaigre elles virent au rouge.

Selon Pietro Andrea Matholo, les sommités fraiches mélangées aux légumes ou au breuvage fortifient le cœur. Elle seraient bonnes pour soigner l'asthénie, le sang, les faiblesses en général et la mélancolie. Hachées, les feuilles peuvent être mélangées à la salade ou encore accompagner une tartine de beurre. Dans la boisson elles sont rafraichissantes.

Les œillets des Chartreux

Originaires des pentes calcaires de la Grande Chartreuse, rouges, ils figurent le feu du ciel et protègent les maisons du tonnerre. Au couvent de Stenach en Allemagne les nonnes étaient autorisées à correspondre avec les moines Chartreux de Schnals en Autriche en leurs offrant des œillets, sans jamais pouvoir se rencontrer, à la manière d'un amour courtois propre au Moyen-Âge.

Le Genévrier – Wacholder.

Il pousse en Europe, en Chine du Nord, en Afrique du Nord et en Amérique du Nord. Il soignerait les maladies infectieuses, les douleurs de poitrine et les poumons ainsi que les individus exposés à la fumée.

Il y a deux façons de considérer les plantes au Moyen-âge

1-en tant que symbole et en tant qu'expression d'un langage sacré,

2-en tant que créature de la nature, tels que les minéraux, les animaux et les êtres humains qui doivent être respectés et qui ont leur propre loi de vie (sagesse). La seconde vision des plantes et des autres éléments de la création évoluent dans ce sens après la seconde partie du 15ième siècle selon Otto Brunfels.

Depuis, les botanistes et les naturalistes allemands préparent le monde germanique à l'évolution de la pensée, ceci aboutira à une véritable révolution intellectuelle. Otto Brunfels influence vivement les botanistes de son temps et du siècle suivant, comme Baldung Grien (1534), véritable théoricien de l'individualité des plantes sur la base de l'influence du soleil et du climat.

Toutes les illustrations de l'encyclopédie Otto Brunfels sont coloriées à la base de plantes. Nombre de celles-ci bienfaisantes sont désignées sous une appellation latine en référence à des saints personnages des Évangiles. Par exemple la sauge nommée *Salva officinalis*, vulgairement nommée au Moyen-Âge « L'herbe de la Mère de Dieu ». Les propriétés médicinales de cet arbrisseau d'origine méditerranéenne sont prodigieuses, très aromatisées, *salva*, signifiant santé et représente l'arbre marial du mois de Mai par excellence. On la retrouve fréquemment fleurie sur les tableaux religieux du Moyen-Âge.

Hildegarde de Bingen rapporte encore que la sauge soigne le nez, les muqueuses, la pituite, les glaires, le souffle, la respiration douloureuse, les irritations de l'estomac et de l'œsophage (ulcères).

Otto Brunfels donne la recette suivante :

« *Cuire des fleurs de sauge dans du vin. Filtrer, au besoin essorer. En boire souvent.* »

La sauge des bois, *Ambrosia des Gottes*, toujours selon les écrits cartusiens soigneraient les paralysies et les épilepsies. En effet elle détient un pouvoir extraordinaire sur la santé comme le laisse entendre sa dénomination latine. Proverbe : « *Qui mange de la Sauge en Mai ne meurt jamais* ».

Au 9ième siècle, un poète monial du nom de Wahlafried Strabo cite la sauge par « *Dulcis odore, gravis virtute etc.* » soit « *douce sucrée à la soif, de grade vertu, utile à la boisson...* ».

Les commerces bio avant l'heure en Allemagne, nommés « *Reformhaus* » c'est à dire la restauration sous-entendue de la santé corporelle, illustrent bien souvent les emballages de leurs produits par l'image d'une « sorcière-fée » cueillant de merveilleuses plantes dans une forêt sauvage.

Le fer et les métaux et le Dieu Lug

Les druides vénéraient la pierre, l'arbre et l'eau pour leurs relations avec le « ciel. Ils respectaient l'eau sacrée des fontaines, renonçaient à la pierre de construction préférant le végétal et le bois. Afin de répondre aux besoins de la guerre, les celtes apprirent à extraire le minerai de la pierre. Cependant connaissant l'aspect maléfique de certains minéraux à l'origine des métaux, c'est au forgeron que revenait l'art de la métallurgie et de la confection des armes. Lié à la classe sacerdotale pour son art et son initiation, au sens spirituel du mot, il était placé sous la protection du Dieu *Lug,* patron des artisans royaux.

Le forgeron confectionnait l'épée, l'arme première des rois et des guerriers, l'armurerie et l'alchimie. Placé au contact des entrailles de la Terre, domaine du dieu Hephaistos (Vulcain romain), maître du feu de l'infernal, il procédait à la purification des métaux pour neutraliser leurs effets néfastes.(105 page suivante)

Par leurs propriétés tout métal est producteur d'influences souterraines positives ou négatives. À chacun d'eux correspond une planète définie par ses influences bénéfiques et maléfiques. L'or influencé par le soleil apporte la lumière, entendu la richesse au sens propre et figuré, mais aussi les brûlures et donc des déconvenues. Le fer, un des premiers métaux découvert et sera le plus utilisé avec son dérivé l'acier. Le fer, placé sous l'influence de Mars, apporte la victoire par la guerre mais aussi le défaite. Il est par essence maléfique. L'extraction du minerai ouvrit l'ère de la métallurgie avec ses déluges de feu que déclenchèrent les « foudres de guerre ». Ainsi naquit l'industrie des armes qu'allait développer les maîtres des forges.

> « *En Bretagne la tradition populaire voulait voir dans le forgeron une certaine puissance d'intervention occulte. Dans les légendes anciennes, irlandaises notamment, le forgeron joue un rôle très important, il initiait les jeunes à la guerre. On retrouve cela en Afrique où les forgerons appartiennent à une caste à part. Ils se mariaient entre eux et on ne les fréquentait guère, car ils avaient la réputation d'être des magiciens. Ils forgeaient des armes, redoutable pouvoir, et connaissent la vertu des poisons.* » (106)

Encore de nos jours, l'évêque assiste à la fonte de ses cloches et récite à chaque étape de leur fabrication les prières propres à l'avancée de l'ouvrage. Le métal purifié apporte alors

---

(105) Née d'un orage foudroyant, la flèche symbolise la force fulgurante. Tel l'éclair, elle fend l'air, sa nature, comme le montrent ses ailettes. Venue du monde intermédiaire, pareille aux anges et aux oiseaux, elle est messagère de bonnes ou mauvaises nouvelles qui touchent nos cœurs ou les brisent. Celle de cupidon provoque parfois un coup de foudre... La flèche est une arme redoutable. À l'origine, armée d'une pierre dure et taillée comme un diamant, on la nomma pierre de foudre. L'archer, *sagattitore*, donna son nom à la constellation du Sagittaire. Les pierres tranchantes des premières haches reprirent l'appellation de « pierre de foudre ».
(106) Pierre-Jakez Hélias et Jean Markale - La Sagesse de la Terre - Petite bibliothèque Payot.

le « bonheur et la joie ». Prêtes, décorées de végétaux, signe de purification, elles sont consacrées par le pontife avant d'être hissées au plus haut du clocher, proche du ciel. Cette cérémonie donne lieu à des prières et à des réjouissances où chacun est invité à tirer le battant.

Le minéral prit ainsi un essor effroyable par son exploitation accrue et démesurée des minéraux et de la métallurgie. Ce phénomène a généré les maux inhérents à la sédentarisation dont les hommes ont été victimes.(107) Le monde moderne, coupé de toute communication avec les principes supérieurs, place le monde sous les influences maléfiques qui agissent en toute liberté. Depuis le 18ième siècle le monde moderne pratique l'exploitation effrénée et monstrueuse des minerais jusqu'à l'énergie nucléaire dont nous connaissons la monstruosité quand elle n'est pas utilisée à des fins pacifiques.(108)

Que seront les effets des câbles, des semi-conducteurs et de l'électronique en général ? Que penser de la monnaie « ferraille » ou même de la monnaie papier truffée d'artifices métalliques, sans référence à aucune autorité spirituelle ou d'un pouvoir régalien ? Que véhicule-t-elle de poche en poche, sans compter le nombre important de métaux précieux qui entrent dans la composition de tout notre arsenal électronique et des nouvelles énergies.

---

(107) La naissance de l'industrie lourde et minière est à l'origine d'une révolution économique et sociétale qui eut pour conséquence une attraction massive des populations rurales abandonnant leurs maisons et leurs terres à l'origine de la désertification des campagnes et d'une nouvelle vision politique.
(108) Voir René Guénon dans « Le Règne de la Quantité et les Signes des Temps » au chapitre XXII, « Signification de la Métallurgie ».

Conclusion de l'héritage celtique
Ce que le druidisme peut encore nous enseigner

Nous avons vu que cet héritage, qui marquait encore tant l'Europe Occidental jusqu'à ses derniers jours, semble menacé. Faut-il s'en réjouir ou au contraire le regretter? Les avis sont partagés, le lecteur l'aura remarqué. Il ne s'agit nullement de s'enfermer dans un romantisme léger ou de s'accrocher à des légendes et vouloir reconstruire le monde sur des modèles idylliques à la limite de l'idéologie, celle-ci se révélant toujours dangereuse et violente. On ne peut marcher à contre l'histoire sans risquer la tempête.

Les premiers héritiers du celtisme furent les ruraux et les oraux eux-mêmes qui surent tenir tête à l'administration ecclésiale romaine. Cette dernière malgré sa toute puissance devait, contrainte et forcée, à s'acculturer à une société déjà martyre de l'empire romain. On doit cependant reconnaître à l'Église romaine le principe que l'on ne peut marcher contre le sens de l'histoire reconnaissant le trifonctionalité, celle-ci s'achevant cependant quand son troisième volet tomba, au moment où le peuple sans parole jusque là devint souverain.

Celui-ci se révéla à son tour despote.

Pris en otage par les forces idéologiques alliées à la finance, on remarqua dès lors une fois de plus les grondements de luttes souterraines face à une évolution trop rapide de la société. Celle-ci bénéficia-t-elle du maintien de certaines de ses traditions ?

La puissance d'information et la vitesse de prise de décisions de notre monde moderne risquent d'entrainer en puissance l'arbitraire et la réponse violente d'une société qui par nature refuse, non pas les progrès et les évolutions sociétales, mais celui de ne pas participer aux changements de plus en plus profonds de la société et de son élargissement.

Les sociétés occidentales avaient su fonctionner sur de nombreux principes de l'héritage celtique, comme la trifontionnalité et la séparation des pouvoirs, ce qui ne signifie pas une laïcisation absolue et une tolérance de croyances ou d'idées, mot signifiant accepter dans une certaine limite, ce qui pourrait être considérer comme un mal.

On ne peut à ce propos admettre qu'une société puisse fonctionner sans inspiration « intellectuelle et spirituelle ». Elle condamne les religions et la métaphysique par le meilleur moyen: celui de ne plus en parler.

Les diverses tribus composant la société celtique étaient divisées et se guerroyaient, mais elles étaient libres et égales devant leurs divinités.

Enfin ce sont les principes de « l'esprit pur » et de la lutte contre le « mensonge » qui devraient représenter le véritable héritage auquel il faut ajouter le respect des territoires de chaque entité représentative d'une culture déterminée, c'est à dire l'espace privilégié où la parole est audible et garantie.

> *« Les revendications culturelles sont des cris de protestation de sociétés anciennes qui ne veulent pas mourir et qui prétendent pouvoir jouer leur rôle dans le monde moderne. »* René Guénon.

Postface

Accorder crédit à la théorie des cycles des Védas, inscrit le monde dans un cycle long d'existence partagé en quatre âges non égaux, ni en durée ni en qualité, le temps s'accélérant au détriment de l'espace.(109) Un métal, du plus au moins précieux, symbolise la valeur qualitative de chacune de ces périodes : l'or pour le premier, l'argent pour le second, le bronze pour le suivant et pour le dernier le fer, le plus noir, le plus court, le plus difficile et le plus rapide, le monde sombrant alors dans le chaos pour renaître dans un nouveau long cycle.

Toute société archaïque programmait sa fin, à l'exemple de la société étrusque limitant le nombre de ses villes à douze, par mise en relation symbolique des douze piliers de l'univers. Autre exemple: l'arrivée imminente du « Royaume de Dieu » représente le message essentiel des Évangiles. (110 et 111) page suivante)

---

(109) Selon les textes védiques *Vêdâ*, un *Manvatara,* le cycle de *manu*, dure environ quatre millions d'années et plus composé de quatre cycle nommé *Yuga.* Nous vivons le dernier, le *Kali Yuga.* Voir « Le Règne de la quantité et les signes des temps » de René Guénon.

Monsieur Christian Guyonvarc'h commente un ouvrage irlandais, découvert tardivement, intitulé « Le dialogue des deux Sages », relatant l'échange entre un druide et son élève à propos des signes avant-coureurs de la fin du monde druidique et certainement celui du monde en général. (112)

Le druide représente la clef de voûte de l'équilibre des piliers du monde, comparée à une charpente, les Gaulois vivant dans la crainte de son effondrement. Cette catastrophe intervient lors de l'éradication du druidisme par Rome, le Christianisme parachevant cette entreprise conservant toutefois un temps de nombreux principes celtiques, tel que celui de la « trifonctionalité », le pape parlant avant les princes gouvernant l'Europe à la manière du pouvoir druidique.(113)

René Guénon situe le renversement de l'autorité spirituelle lors de la chute des Templiers par la volonté de Philippe le Bel. La Révolution Française décapite le Roi, l'analogue de la classe des chevaliers, signant victoire de la classe des producteurs. Quand interviendra la chute de cette dernière classe de la trifonctionalité ?

Aucune société ne peut faire abstraction d'une autorité spirituelle supérieure, source d'inspiration des mystères supra-sensibles conformément à l'adage « *Ce qui est en haut est en bas et ce qui est en bas est en haut* ». Par son attache au seul progrès issu de la science du sensible, la modernité ne peut saisir la profondeur des mythes. Coupées de tout ésotérisme, même chrétien, les institutions religieuses proposent une lecture exotérique des Évangiles et participent à l'incompréhension du mythe.

---

(110) Décrit par l'apocalypse de Jean.
(111) Le message essentiel des Évangiles issus ou contenus dans l'Ancien Testament, Jésus affirme « *Je ne suis pas venu abroger la Loi.*» (Mais la parfaire dans cette perspective).
(112) Christian Guyonvarc'h dans « Le dialogue des deux » sages » chez Payot en 1999.
(113) Voir « Autorité Spirituelle et Pouvoir Temporel » de Anândâ Coosmaraswamy. Arché Milano 1985.

La Bible évoque de nombreuses « histoires » merveilleuses, par exemple : Moïse rencontrant sa femme au puits, Jésus parlant avec la Samaritaine au bord du puits, le Buisson Ardent, les Roi Mages etc. Les exemples sont nombreux. Le 15ième siècle encore sous l'empreinte du mythe, Jeanne d'Arc entend des voix à l'ombrage de l'aubépine.(114) Ce « conte de fée » va réveiller l'ardeur du Roi de France dans la détresse de la Guerre de Cent Ans, par régénération de son attache divine à la manière du comte Siegfroid de Luxembourg par la fée Mélusine.(115) Tout pouvoir vient de Dieu.

(114) Henri Dontenville dans la Mythologie Française. Payot
(115) Voir le chapitre « Qu'est-ce qu'une fée ? »

Ouvrages consultés et Bibliographie

Brasey Édouard, Enquête sur l'existence des fées et des esprits de la nature.
Brosse Jacques, La Mythologie de l'arbre, Payot.
Celui du Pays de L'Ours, Èditions « Soleil Natal ».
Coomaraswamy Ânanda K., La Doctrine du sacrifice, Dervy.
Coomaraswamy Anândâ K., Autorité Spirituel et Pouvoir Temporel » 1985
de Goustine Luc, La Mystique Ouvrière, Éditions Dervy-Livre.
de Staël, Germaine, De l'Allemagne », Flammarion.
Dontenville Henri, Mythologie Française, Payot.
Eygun François, Ce qu'on peut savoir de Mélusine et de son iconographie.
Gilis Charles André Gilis, Aperçus sur la doctrine akbarienne des Jinns.
Gordon Pierre, Les Vierges Noires, L'origine et le sens des contes de fées.
Greule Albrecht, Deutsche Gewässernamenbuch, de Gruyter.
Guibert Véronique, Les quatre fêtes d'ouverture de Saison de l'Irlande ancienne.
Guénon René, Le Roi du Monde.
Guénon René, Le Règne de la Quantité et les Signes des Temps.
Guénon René, Symboles de la science sacrée, Gallimard.
Guy Tarade et Michel Coviaux dans « Les énergies secrètes du Dragon » chez Guy Trédaniel.
Guyonvarc'h Christian et Françoise **Leroux**, Les Druides, Ouest-France.
Guyonvarc'h Christian et Françoise **Leroux**, Les fêtes celtiques.
Guyonvarc'h Christian et Françoise **Leroux**, La civilisation celtique.
Guyonvarc'h Christian, Magie, médecine et divination chez les Celtes.
Guyonvarc'h Christian, Le Dialogue des deux sages, Payot.
Heni René et Louis **Schittly**, La Raison Lunatique.
Jakez-Hélias Pierre et **Jean Markale**, La Sagesse de la Terre, Payot.
Khintia Apparou et Régor R. Mougeot dans « La wouivre » aux Éditions de la Table d'Émeraude.
Le Cossec Gilbert, Le Souffle du Menhir » Dervy Collection.
Le Robert, Dictionnaire historique.
Markale Jean, La Tradition Celtique en Bretagne Armoricaine, Payot 1984.
Markale Jean, Les Druides. Imago.
Markale Jean, Le Christianisme Celtique, Édition Payot.
Markale Jean, La Femme celte, Édition Payot.
Markale Jean, Les Celtes et la Civilisation Celtique, Payot 1992.
Markale Jean, Le Roi Arthur et la Société Celtique,Éditions Payot.
Markale Jean, L'énigm du Mont Saint Michel, Éditions Pygmalion 1987.
Markale Jean, Mélusine Albin Michel.
Motmans Bardenbourg, L'ésotérisme des contes de fées.
Ratzinger Josef, Jésus de Nazareth, Fayard.
Roupnel Gaston, Histoire de la Campagne Française, Éditions Grasset
Ruyer Raymond, La Gnose de Princeton, Fayard 1974.
Sagen, Geschite un Märchen aus Lothringen, Hauser Sarrelouis.
Sansonetti Paul-Georges, Graal et Alchimie, Berg International.
Sergent Jacques, Les Indo-Européens, Payot.
Signollet Stéphane, L'aubépine, Acte Sud 1998.
Tarade Guy et Michel **Coviaux**, Les Énergies secrètes du Dragon.
Walter Philippe, Mythologie chrétienne, Imago.

Du même auteur

- La Roue Enflammée de Contz-les-Bains, sous-titré « Des Rites et du Langage dans la Vallée de la Moselle », Fensch Vallée 2000.
- Le Temps de l'Enfance en Lorraine, sous-titré « Pays-des-Trois-Frontières - Sarre - Luxembourg », La Geste 2021.
- Le Culte des Fontaines au Duché de Lorraine et dans l'Électorat de Trèves (L'aspect alchimique de la Saint Jean), BOD 2023.
- Petite Grammaire Luxembourgeoise, BOD 2023. Seconde édition.
- Une Saint Jean Initiatique en Lorraine sous-titré « Des origines celtiques aux Chevaliers de Saint-Jean à Sierck », BOD 2023.
- Rettel le village des Chartreux en Lorraine, BOD 2023.
- Aperçu sur les enjeux linguistiques en Moselle et au Luxembourg - BOD 2023.
- Metz Quinze Août 1940 - Un diocèse à la croisée des chemins, BOD 2024.
- L'Ouverture du Ciel aux Quatre Saisons. BOD 2024.

Collection de l'Aubépine

- 1. La Spirale des Cycles - De la Genèse au Monde Moderne, BOD 2022.
- 2. La Spirale et l'Absolu - Pèlerinages, médiations, miracles et influences spirituelles dans les trois religions monothéistes, BOD 2022.
- 3. La Spirale et la Dame du Verger - Saint Bernard et la Médiation Mariale - St Thomas-sur-Kyll (Trèves) - Marienfloss (Sierck-les Bains) - Marie en Islam, BOD 2022.
- 4. Introduction aux Paraboles de Jésus - Textes canoniques et apocryphes de Thomas, BOD 2022.
- 5. Les Rois Mages et les Trois Mondes, BOD 2022.